노동자 없는 노동
플랫폼 자본주의의 민낯과 미세노동의 탄생

초판 1쇄 발행 2022년 11월 20일

지은이 필 존스 | 옮긴이 김고명 | 펴낸이 임경훈 | 편집 손소전
펴낸곳 롤러코스터 | 출판등록 제2019-000296호
주소 서울시 마포구 월드컵북로 400 서울산업진흥원 5층 2호
전화 070-7768-6066 | 팩스 02-6499-6067 | 이메일 book@rcoaster.com

ISBN 979-11-91311-19-8 03300

플랫폼 자본주의의 민낯과
미세노동의 탄생

필 존스 지음 | 김고명 옮김

노동자 없는
노동

WORK WITHOUT THE WORKER

Labour in the Age of
Platform Capitalism

®

이사에게

For Isa

차례

———

서문　메커니컬터크: 미세노동의 탄생 • 6

Work without the Worker

메커니컬터크
:미세노동의 탄생

자동화가 만드는 낙원은 어디까지나 환상에 불과하다. 검색 엔진, 앱, 스마트 기기의 배후에는 항상 노동자가 존재한다. 그들은 글로벌 시스템의 변방으로 밀려나 단돈 몇 센트를 받고 데이터를 정리하거나 알고리즘을 감독하는 일 말고는 달리 살아갈 방편이 없는 사람이 대부분이다.

지금 우리는 기술적 경이의 시대를 살고 있다. 기계가 체스로 인간을 꺾고, 노래를 작곡하고, 스스로 차를 모는 세상이다. 무인 매장에 가면 따로 계산하지 않아도 자동으로 결제가 이뤄진다. 두뇌에 심어놓은 작은 칩으로 기계가 인간의 마음을 읽는 법을 배울 수도 있다고 한다. 이것은 오늘날 실리콘밸리가 앞장서서 만들고 있는 이상향이기도 하다. 이 유토피아는 지구라는 병든 행성을 치유하고 우리를 화성으로 이주시키겠다고, 영생을 실현하고 우리를 지긋지긋한 노동에서 해방해 신의 경지에 올려주겠다고 손짓한다. 그것은 풍요롭고 스마트한 세상, 편리함이 최고의 덕목으로 추앙받는 세상이다.

하지만 그 토대는 빈약하기만 하다. 거침없는 돌격에 가까운 과학의 진보는 극소수 IT 공룡 기업이 바라는 꿈일 뿐이다. 그들이 그리는 유토피아의 이면에 있는 디스토피아를 자각한다면 우리와 닮은 기계들이 우리를 자유롭게 할 것이라는 환상에 결코 도취될 수 없다. 그 환상의 눈부신 껍데기를 들추면 그 아래에는 인간이 더욱 탄압받고 감시당하고 원자화되는 어두운 현실이 존재하기 때문이다. 게다가 최근에 닥친 경제 위기와 팬데믹 같은 세계사적 사건이 우리를 그 디스토피아의 한복판으로 더욱 거세게 떠밀고 있다. 그곳에서 우리를 기다리는 것은 "비접촉형 미래"다.

코로나19가 세계를 뒤덮으면서 우리는 되도록 타인과 접촉을 피하라는 권고를 받으며 좀처럼 집 밖으로 나가지 않는다. 그러다 보니 집이 단순한 주거 공간을 넘어 사무실, 쇼핑몰, 피트니스센터, 병원, 영화관의 역할까지 하게 됐다.[1] 사물 인터넷의 발달로 우리가 잠을 잘 때, 누군가를 만날 때, 우리의 심장이 박동할 때 그 모든 순간이 데이터화돼 어딘가로 전송되고, 그 결과 우리는 각종 플랫폼을 통해 우리 삶에 최적화된 서비스를 제공받는다.

집 밖으로 나가면 "스마트 도시"라는 이름으로 더욱 광범위한 감시망이 가동 중이다. 이 감시망은 박탈당한 자들, 곧 피박탈자들을 위험 분자로 간주해 생체 인식과 안면인식 기술로 은밀히 검문한다. 거미줄처럼 얽히고설킨 알고리즘

algorithm들이 우리의 신체와 공간과 사회를 칭칭 감고서 마치 생각하는 기계처럼 작동하고 있으니, 컴퓨터가 만들어낸 지능이 흡사 공기처럼 의식하지도 못할 만큼 당연하게 취급된다.

이 의식조차 되지 않는 센서, 추적기, 카메라의 복잡한 연결망은 기계에 새로운 차원의 인지 능력을 부여하고, 자본은 이를 자유롭게 활용한다. 그리하여 개개인의 신체적 특성 같은 미시적 차원에서부터 기상 현상 같은 우주적 차원에 이르기까지 생명과 삶을 구성하는 수많은 요소가 나날이 교환의 대상으로 변해간다. 그리고 이 과정에서 축적되는 데이터를 토대로 이전에는 존재하지 않았던 기계가 탄생한다. 자율주행차가 택시와 트럭 운전사를 대체하고, 알고리즘이 관리자의 자리를 차지하고, AI가 의사보다 정확하게 환자의 암을 진단한다.

하지만 자동화가 만드는 낙원은 어디까지나 환상에 불과하다. 검색 엔진, 앱, 스마트 기기의 배후에는 항상 노동자가 존재한다. 그들은 글로벌 시스템의 변방으로 밀려나 단돈 몇 센트를 받고 데이터를 정리하거나 알고리즘을 감독하는 일 말고는 달리 살아갈 방편이 없는 이들이 대부분이다.

페이스북과 트위터가 폭력적인 콘텐츠를 자동으로 식

별해서 삭제하는 것처럼 보이겠지만 실제로 포르노나 혐오 발언을 선별하는 것은 알고리즘이 아니다. 마찬가지로 안면 인식 카메라가 군중 속에서 특정인의 얼굴을 포착하고, 자율주행 트럭이 인간의 개입 없이 도로 위를 달리는 것처럼 보일 것이다. 하지만 실상을 말하자면 기계학습이라는 이름의 마법은 데이터에 라벨을 지정하는 고된 노동의 산물일 뿐이다. 자동화를 신비화하고 숭배하는 문화가 실리콘밸리에 만연해 있지만 그 이면에는 혐오 발언을 가려내고 이미지를 주석화하고 알고리즘에게 고양이 식별하는 법을 가르치는 노동자의 노고가 숨어 있다.

이 책의 골자는 오늘날 디지털화된 삶을 가능케 한 원동력이 흔히 생각하듯이 알고리즘이 아니라 푼돈을 받고 육체를 갉아먹는 노동이라는 사실을 분명히 밝혀둔다. "그건 한마디로 미세노동*이라고 할 수 있습니다. 예를 들면 단돈 몇 센트로 사진 속에 사람이 있는지 확인하는 일을 맡길 수 있는 거죠." 세계 최초이자 여전히 가장 인기 있는 "미세노동 microwork" 중개 사이트인 아마존 메커니컬터크Amazon Me-

---

* 'microwork'는 아직 우리 사회에 합의된 용어가 마련되지 않았다. 이 책에서는 '미세노동'이라고 번역한다—옮긴이

chanical Turk가 공식적으로 문을 연 날 제프 베조스Jeff Bezos가 세상 사람들에게 고한 말이다.[2]

메커니컬터크 같은 사이트에서는 인공지능을 훈련시키기 위한 목적으로 이미지 속의 사람에게 태그를 붙이는 일과 같은 단 몇 분, 몇 초 안에 끝나는 초단기 작업을 중개한다. 작업 시간이 아무리 길어봤자 한 시간이 채 안 된다. 이런 사이트를 이용하면 의뢰인은 하나의 대형 작업을 다수의 초소형 작업으로 나눌 수 있다. 메커니컬터크에서는 이 같은 초소형 작업을 "인간지능 작업human intelligence task, HIT"이라고 부른다. 의뢰인이 메커니컬터크에 HIT를 등록하면 수많은 노동자, 일명 "터커Turker"의 화면에 그 초단기 작업이 표시되고, 그러면 터커들은 그것을 한 건이라도 더 따내기 위해 서로 경쟁한다. 이때 플랫폼이 취하는 수수료는 건당 20퍼센트다. 작업이 원격으로 수행되기 때문에 메커니컬터크 노동자들은 서로 만나지 못하고 그저 온라인 커뮤니티에서 각자의 아바타만 볼 뿐이다.

메커니컬터크는 자본에게는 각성제요, 노동자에게는 마취제와 같은 21세기형 노동의 효시다. 애픈Appen, 스케일Scale, 클릭워커Clickworker 등의 경쟁 업체들도 메커니컬터크의 모델을 모방해서 정제된 데이터와 저렴한 노동력을 배합한 아찔한 칵테일을 현대 자본의 총아인 페이스북과 구글을 포함한 기업계는 물론이고 학계에까지 제공하고 있다. 이 사이트들은 노동 차익거래labor arbitrage(타 지역에서 더 저렴한 노동력을 구하는 행위—옮긴이)의 중개자로서, 마이크 데이비스 Mike Davis가 말한 "잉여 인간", 곧 경제의 본류에서 밀려난 사람들을 찾아 거대 IT 기업들에 필요한 노동력을 공급한다.[3] 이때 노동자들은 의뢰받은 작업을 수행하는 짧은 시간 동안만 고용되기 때문에 끊임없이 취업과 실업 상태를 오가면서 하루 동안 많으면 수십, 수백 개 회사를 위해 일하기도 한다.

이처럼 고용 상태의 변동성이 크지만 해당 사이트들은 이것을 유연성이라는 말로 미화하며 자신들이 새로운 노동 계약의 수호자로서 사회의 진보를 위해 선의의 노력을 기울이고 있다고 주장한다. 그 새로운 노동 계약이란, 그들의 말을 곧이곧대로 받아들이자면 직업 안정성이나 든든한 임금보다 "독립성"을 더 중시하는 새로운 세대의 노동자들을 위한 것이다. 하지만 이 계약의 진짜 수혜자는 표준적인 고용에 따르는 책임을 회피하려고 하는 의뢰인들로, 주로 트위터, 페이스북, 구글 같은 IT 대기업이다.

미세노동 사이트에서 일하는 사람들은 순전히 이런 기

업의 편의를 위해 "노동자"로 분류되지 않는다. "프리랜서" "독립계약자independent contractor"(개인사업자 신분으로 계약을 맺고 용역을 제공하는 노동자로, 용역 수행에 필요한 비용을 본인이 부담한다는 점에서 우리나라의 특수고용직과 유사하지만 원칙적으로 고용주의 감독을 받지 않는다는 차이점이 있다—옮긴이), 심지어는 황당하게도 "플레이어"(데이터 라벨링 플랫폼 플레이먼트Playment에서 노동자를 플레이어로 지칭한다—옮긴이)로 분류되어 법에 명시된 권리나 보호 장치는 물론이고 일말의 협상력조차 보장받지 못한다.[4]

이처럼 플랫폼 자본이 일으키는 야만적 지각변동으로 인해 가뜩이나 살풍경한 전 세계의 노동환경이 초단기 임시직 노동으로 점철된 불모지로 전락하고 있다. 그런데 미세노동에 관한 여러 문헌을 읽고 나면 그런 데이터 노동이 완전히 새로운 현상이라는 생각이 들 수도 있다. 실제로 "인간 클라우드" "서비스형 인간" "적시 고용"(노동력이 요구되는 시점에만 일시적으로 노동자를 고용하는 것—옮긴이)을 당당히 운운하는 자들은 이제 우리가 뻔한 노동의 시대를 넘어 "기계와 인간의 혼합 노동"이 대세를 이루는 멋진 신세계로 과감히 도약하고 있다고 주장한다.[5]

제프 베조스가 말하는 "인공적 인공지능Artificial artificial

intelligence"이라는 표현에는, 노동자가 첨단 기술을 이용해 알고리즘과 협업하는 것이 "신경제"의 폭발적 성장을 견인할 것이라는 의미가 내포되어 있다.[6] 이런 연유로 세계은행과 같은 기관에서는 범남반구Global South(아프리카, 라틴아메리카, 아시아 등 주로 남반구에 위치한 저개발 국가를 통칭하는 말로, 반대되는 개념은 범북반구다―옮긴이)에서 비공식 노동(공식적인 고용 계약으로 보호되지 않는 노동―옮긴이), 가계 부채, 빈민가의 증가로 서서히 멸망하는 경제를 구원해줄 후보군의 긴 대열 끝에 미세노동을 합류시켰다.[7] 하지만 이 책의 목적을 단 하나만 꼽으라면 미세노동이 범남반구의 재건자가 아니라 그렇지 않아도 골치 아픈 전 지구적 노동의 위기를 더욱 꼬아버리는 문제라는 사실을 납득시키는 것이다.

미세노동이 탄생한 배경에는 성장 정체, 프롤레타리아화, 노동력에 대한 수요 감소라는 요인이 복합적으로 존재하며, 이것은 인도, 베네수엘라, 케냐 등지에서 비공식 노동이 팽창한 이유이기도 하다. 1장에서 살펴보겠지만 미세노동 사이트의 가입자가 늘어나는 것을 자본주의의 성공 신화라고 평가하면 곤란하다. 그것은 오히려 공식 노동시장에서 일자리를 찾지 못하는 사람이 날로 증가하는 현주소를 고스란히 보여주는 비극이다. 그들은 주로 감옥, 난민촌, 빈민가에 거주하며 완전한 실직 혹은 불완전한 취업(자신의 시간이나 기량을 충분히 활용할 수 없는 취업─옮긴이) 상태에 머무는 사람들로, "잉여 인간"의 슬픈 예시다.

그러고 보면 미세노동 사이트의 가입자가 폭증한 시기가 2008년부터 현재로 이어지는 장기화된 경제적 부진과 겹치는 것이 단순히 우연으로 보이지는 않는다. 정확한 통계는 밝혀지지 않았지만 최근 추정치를 보면 전 세계적으로 미세노동 종사자가 약 2000만 명에 이르고, 그중 상당수는 범남반구, 남아메리카, 동남아시아, 인도반도에 분포해 있다.[8] 여기에는 고등교육을 받았음에도 공식 노동시장에서 밀려난 사람들이 꽤 많이 포함되어 있다.[9] 이 같은 고학력 불완전 취업자의 수는 범북반구에서도 증가 중이다. 한 설문조사에서 영국의 생산가능인구 중 약 5퍼센트가 미세노동 사이트를 일주일에 1회 이상 이용하는 것으로 나타났다.[10] 이들은 주로 총 노동시간을 늘리고 정체된 임금을 보충하기 위한 부업의 차원에서 미세노동에 종사하고 있다.[11] 하지만 전 세계적으로 보자면 많은 사람이 미세노동을 본업으로 삼고 있다. 국제노동기구의 설문조사에서 36퍼센트의 노동자가 주 7일간 규칙적으로 미세노동을 수행한다고 응답했다.[12]

각각의 미세노동 사이트에서 밝히는 수치를 종합해보

면 실제 종사자의 수는 현재의 추정치를 훨씬 상회할 것으로 보인다. 지난 10년 사이에 클릭워커는 가입자가 200만 명을 돌파했고, 그보다 작은 애픈 같은 사이트도 현재 가입자가 100만 명 이상이다. 만일 이 노동자들을 모두 종업원으로 분류한다면 이 사이트들은 몇 개국 정부와 월마트 정도를 제외하면 고용 규모로는 세계 최대 수준일 것이다. 중국의 크라우드 워크 플랫폼 주바지에Zhubajie의 경우에는 가입자가 자그마치 1200만 명 이상이라고 하니 그야말로 세계 최대의 고용주라 할 만하다.[13]

이처럼 초단기 데이터 노동에 생계를 의탁하는 사람이 늘어나는 현상을 두고 "워싱턴 컨센서스Washington Consensus"(1989년에 정치경제학자 존 윌리엄슨John Williamson이 제시한 정책 권고안으로, 미국식 시장경제를 확산해 개발도상국의 경제 위기를 해결하는 것을 골자로 하며 미국식 신자유주의의 대명사가 됐다―옮긴이)의 찬동자들은 그런 노동자들이 바로 AI 시대의 수혜자라고 말한다. 이런 논리는 자동화로 인해 대량의 희생자가 발생할 것이라고 꾸준히 지적하는 언론 보도에 반박하기 좋은 편리한 핑곗거리가 되기도 한다. 하지만 희생자와 수혜자를 가르는 경계선이 그리 선명하진 않다. 예컨대 챗봇의 위협을 받는 콜센터 노동자와 무인점포의 위협을 받는 계산

대 직원은 21세기 자본의 폭풍우에 떠밀려 다니다가 결국 다른 방도가 없어 온라인 노동이 만들어낸 어두운 피난처에 정착할 공산이 크다.

미세노동을 옹호하는 이들은 아직도 일자리가 존재한다고 항변한다. 하지만 시급 2달러에도 못 미치는 "터커"의 평균 임금을 고려하면 자동화로 인해 노동자가 소멸하진 않았을지라도 그들의 생존이 벼랑 끝에 내몰린 것은 분명해 보인다.[14]

이 같은 세태는 이 책에서 두 번째로 중요한 주제와 맞닿아 있다. 잉여 인구가 2등 인간으로 취급되고 야만적인 국가 정책에 시달리는 것이 어제오늘 일은 아니다. 하지만 이제 그들은 실리콘밸리 엘리트들이 벌이는 실험에서 인간 이하의 존재로까지 전락하고 말았다. 메커니컬터크를 "인공적 인공지능"으로 소개하는 제프 베조스의 말은 따지고 보면 노동자를 인간이 아니라 연산 인프라로 취급한다는 뜻이다.

컴퓨터 프로그래밍에서 요청자와 작업자를 연결하는 수단을 애플리케이션 프로그래밍 인터페이스API라고 하는데, 여기서 작업자는 곧 컴퓨터를 뜻한다. 그런데 미세노동 사이트에서 요청자, 즉 의뢰인이 일을 맡기는 대상은 컴퓨터로 가장한 인간이다. 이렇게 기계가 드리우는 긴 그림자 속으로 노동자가 모습을 감춘 덕분에 미세노동의 요청자들, 특히 대형 플랫폼들은 그들의 마케팅 전략을 멀쩡히 유지할 수 있다. 무슨 말인가 하면 페이스북(메타Meta로 개명 — 옮긴이), 구글, 아마존 같은 대기업은 물론이고 거액의 투자금을 유치하고자 하는 수많은 스타트업도 자신들의 비즈니스 모델은 노동이라는 위험천만한 영역에 거의 의존하지 않고 복잡한 알고리즘에 의해 운영된다고, 그래서 군더더기를 최대한 줄인 모델이라고 교묘한 말장난을 친다.

그들은 19세기에 카를 마르크스가 예견했던 대전환이 이 시대에 비로소 완료될 것이라고 약속한다. 즉, 자본의 생산수단 중에서 노동이 차지하고 있던 중심부를 과학과 기술이 대신 차지할 것이라고 말한다.[15] 실제로 많은 플랫폼 기업이 그 대전환에 박차를 가하고 있다. 하지만 폭스콘Foxconn이 운영하는 암울한 사탄의 공장(19세기 영국 시인 윌리엄 블레이크가 산업혁명의 폐해를 상징하는 말로 썼으며, 여기서는 폭스콘의 열악한 노동환경에 대한 비유로 사용됐다 — 옮긴이)이나 "사람을 잡아먹는 산"이라 불리는 볼리비아의 세로리코Cerro Rico 주석 광산만 봐도 아직은 그 약속이 성취되지 않았다는 것을 알 수 있다. 플랫폼들은 노동을 외주화함으로써 노동자의 존재를 장부에서 지우고, 이용자와 투자자, 고객들에게 철저히 숨기면서 실제보다 더 복잡한 기술을 사용하고 있는 척한다. 하지만 인공지능은 데이터 노동 없이는 성립할 수 없다.

데이터가 플랫폼의 생명줄임에도 우리는 데이터가 생성되는 과정에는 별로 관심이 없다. 우리가 아이폰을 볼 때 그 하드웨어는 눈앞에 실물로 존재하기 때문에 그것을 생산하기 위해 필요한 노동을 생각할 수 있다. 하지만 아이폰의 소프트웨어 속에 흐르는 데이터는 볼 수도 만질 수도 없다. 그래서 데이터 역시 생산의 대상이라는 데까지는 생각이 미치지 않는다. 다시 말해 데이터라는 비가시적이고 불가해한 성분이 하드웨어와 마찬가지로 인간 노동의 산물이라고 인식하지 못한다. 그래서 인간의 손과 정신이 만들어낸 것을 영리한 기계의 작품으로 착각한다.

이런 몰이해는 무인 드론의 배후에 있는 데이터 라벨링 노동자의 존재나 콘텐츠 피드의 배후에 있는 검열자의 존재를 의식하지 못한 채 데이터를 숭배하는 현상으로 이어진다. 그 결과 자연스럽게 "은밀한 자동화 장소"(마르크스가 사용한 "은밀한 생산 장소"를 차용한 표현—옮긴이)가 은폐된다. 말했다시피 그 은밀한 장소란 번듯한 일자리를 구할 수 없어 기계학습을 돕는 초단기 작업으로 연명하는 노동자 군단이며, 그 수는 날로 증가하고 있다.

마르크스가 19세기 공장의 실태를 분석한 것처럼, 이 책은 자동화의 실상을 파헤치기 위해 21세기 들어 급속도로 지배력을 키운 경제 모델인 플랫폼 자본주의의 어두운 뒷골목으로 들어간다.[16] 그 골목을 주름잡는 아마존, 페이스북, 마이크로소프트, 알파벳(구글), 애플은 2019년 시가총액을 기준으로 전 세계 1~5위 기업을 나란히 차지했고, 중국 플랫폼인 알리바바, 징동, 바이두의 시가총액도 그에 크게 뒤지지 않았다. 이들 기업이 급부상할 수 있었던 이유는 무엇보다도 가공할 만한 연산 능력을 활용할 수 있었기 때문이다.

플랫폼들은 사용자에게 만남과 거래와 소비의 장으로 디지털 인프라를 제공하면서 우리의 온라인 활동, GPS 좌표, 우리가 SNS와 시리 앞에서 하는 말을 토대로 방대한 분량의 개인 데이터를 수집한다.[17] 그리고 데이터의 축적량이 늘어날수록 인공지능에 투입할 수 있는 데이터도 늘어나기에 더 고차원적인 자동화가 가능해진다. 하지만 백번 양보해서 오늘날 우리 사회가 자동화의 "최종 단계"에 진입했다고 하더라도 그 단계가 완료되기까지는 아마도 오랜 시간이 걸릴 것이다.[18]

머잖아 기적 같은 기술의 도약으로 실리콘밸리의 꿈이 실현되어 실리콘밸리의 구리 공급처인 콩고의 광산, 완제품 컴퓨터의 조립처인 폭스콘 공장, 자율주행차의 학습처인 우버 택시가 모두 자동화되는 날이 온다고 해보자. 여기에 사용되는 기술은 대부분 데이터 처리(라벨링, 분류)에 의존하고 있다. 그리고 이 데이터 처리 작업은 여전히 인간에 대한 의존도가 높다. 알고리즘이 작동하려면 정제된 데이터가 필요하고, 알고리즘이 작동하는 동안에도 지속적인 감독과 개선 작업이 요구되기 때문이다. 그래서 릴리 이라니Lilly Irani는 "인간 노동이 없이는 다른 형태의 제품이 등장하거나 새가 공장으로 날아드는 것 같은 세상의 변화에 맞춰 자동화 기술이 재설정되고 재조정될 수 없다"라고 지적했다.[19]

완전히 자동화된 화려한 자본주의라는 실리콘밸리의 꿈은 문자 그대로 꿈에 불과할지 모르나 그럼에도 마치 망령처럼 21세기를 붙들고 있다.[20] 21세기는 금융 위기와 만성적 경기 침체 속에서 태어나 민주적 제도가 속속 붕괴하고 시시로 기후 재앙과 긴축재정에 시달리는 시대다. 지금 이 순간에도 저 상상 속 유토피아와 이 현실 속 디스토피아가 서로 파트너가 되어 파국으로 향하는 기괴한 춤을 추고 있다.

챗봇이 성행하는 시대에도 캘리포니아에서는 해마다 대형 산불이 발생하고 있다. 컴퓨터가 체스로 인간을 이기는 시대에도 수많은 사람이 괴이한 인수공통감염병에 희생되고 있다. 더 나은 세상을 만들기 위해 꿋꿋이 전진해야 할 인류는 오히려 역사의 주도권을 놓아버린 채, 번개가 그치지 않는 밤을 스마트 택시가 고요히 가르는 미래와 마주하고 있다(베네수엘라의 카타툼보강 유역에 연중 약 150일간 야간에 10시간 연속으로 번개가 치는 구간이 존재한다—옮긴이). 기상이변과 팬데믹으로 점점 더 많은 사람이 난민, 재소자, 경제적 유배자가 되어 경제의 본류에서 터전을 찾지 못하고 호구지책으로 자신을 소프트웨어 코드로, 언제든 쓰고 버릴 수 있는 존재로 실리콘밸리에 팔고 있는 것이 작금의 현실이다.

하지만 이렇게 잉여로 취급되는 사람들이 모두 순순히 투항만 하는 것은 아니다. 일부는 일사 항전을 불사하며 곳곳에서 전선을 형성 중이다. 어쩌면 이들의 싸움이 더 나은 세상을 여는 기폭제가 될지도 모른다. 물론 미세노동자들만 놓고 보자면 아직 자본에 실질적 타격을 입힐 만큼 조직화되진 못했다. 하지만 이 플랫폼 노동자 군단이 다른 피박탈자 집단들과 연합하고 있다고 볼 만한 사건이 점점 늘어나고 있다. 그런 변화에 대한 조심스러운 기대가 이 책의 대미를 장식할 것이다.

1장

Work without the Worker

실리콘밸리의
잉여

노동력에 대한 수요가 감소해서 고용 기회가 축소되면 노동자는 생계를 유지할 다른 방편을 찾아야 한다. 그것은 근로연계복지가 될 수도 있고, 비공식 노동이 될 수도 있고, 의식주를 구걸하는 것이 될 수도 있다.

미세노동은 이 암울한 대안의 대열에 가장 최근에 합류한 방편에 불과하다.

케냐의 사막 지대에 드넓게 자리 잡은 세계 최대의 난민촌 다다브Dadaab. 그 한복판의 막사로 한 여성이 걸어간다. 막사 안에는 컴퓨터 여러 대가 설치되어 있다. 폭거에 터전을 잃고 글로벌 시스템의 변방에 수용된 많은 사람이 그렇듯이, 그녀도 이역만리 실리콘밸리에서 새롭게 자본주의의 선봉으로 부상한 이들을 위해 종일 고단하게 일한다.[1]

그녀가 하루 동안 하게 될 일을 몇 가지만 예로 들자면 동영상에 라벨을 지정하고, 짧은 녹취록을 만들고, 알고리즘에게 각양각색의 고양이 사진을 식별하는 방법을 알려주는 것이다. 번듯한 일자리를 찾기가 사막에서 바늘 찾기만큼 어려운 다다브의 현실에서 이런 클릭 노동은 불안정하고 고될 뿐만 아니라 작업 시간이 아닌 완료한 작업 건수를 기준으로 임금을 받긴 해도 이곳 주민이 선택할 수 있는 극소수의 '공식' 노동에 해당한다.

비좁은 공간에 온갖 케이블이 정신없이 엉켜 있고 통풍마저 잘 안 되는 그들의 작업장은 새롭게 등극한 세계의 지배자들이 일하는 으리으리한 사옥과 완벽하게 대조를 이룬다. 아마존의 CEO 제프 베조스가 시간당 1300만 달러를 벌 때 다다브의 난민들이 아마존의 알고리즘에게 자동차 인식하는 방법을 가르치면서 1시간 동안 버는 돈은 1달러가 채 안 된다. 소모품 취급을 받는 무수한 빈민들과 자본주의의 선봉에서 지능형 봇bot(자동으로 작업을 처리하는 소프트웨어 ─ 옮긴이)으로 무장한 억만장자 기업가들의 간극은 이처럼 매 순간 더 벌어지고 있다.[2] 한 번의 클릭 속에 야만적 삶과 고상한 삶의 궤적이 공존하는 것이다.

이 같은 "클릭 경제"는 아프리카뿐만 아니라 중동에서도 난민의 운명을 결정한다. 레바논 샤틸라Shatila 난민촌에서 가장 큰 비중을 차지하는 시리아 난민들은 수면 패턴까지 바꿔가며 저 지구 반대편에서 다른 시간대에 사는 자본가들의 꿈을 이루기 위해 자신의 꿈을 포기한다.[3] 그들이 밤을 새워가며 하는 일은 도시에서 촬영된 동영상에 "집", "가게", "자동차" 같은 라벨을 붙이는 작업이다. 그 라벨들이 한때 그들이 살았던 거리의 지도를 만드는 데 사용되고, 어쩌면 그 지도를 만드는 이유가 훗날 자동화된 드론이 그곳에 화물을 실어 나르기 위해 쓰이는 것이라면 얼마나 야속한 운명의 장난인가.[4] 다만 그들이 작업을 받는 사이트에서 투명하게 정보를 공개하지 않기 때문에 그런 작업의 목적이 무엇이고 그 수혜자가 누구인지 정확히 파악하는 것은 불가능하다.

그들의 이웃집에서는 팔레스타인 난민들이 M2워크 M2Work에 참여한다. M2워크는 "사회경제적 최약자층"에 새로운 형태의 미세 취업 기회를 제공하기 위해 노키아와 세계은행이 공동으로 출범시킨 프로젝트다.[5] 범남반구의 "일자리 창출"에 주력하고 있는 세계은행은 30퍼센트에 육박하는 팔레스타인의 실업률을 절대 놓쳐서는 안 되는 기회로 읽었을 게 분명하다. 세계은행 입장에서 팔레스타인은 우리의 멋진 "신경제"를 든든히 떠받치고 있는 위대한 통신망을 통해 국제 자본에 원활히 공급될 수 있는 값싼 노동력이 묻혀 있는 보고다.

M2워크는 미세노동을 통해 예전에는 활용할 수 없었던 세계 곳곳의 노동력을 활용할 수 있게 해주는 '임팩트 소싱impact sourcing' 사업 중 하나다. 그 외에도 민간 기업 디픈 AIDeepen AI에서 운영하는 비정부기구 라이프롱Lifelong은

시리아 난민들이 구글과 아마존 같은 기업을 위해 데이터를 주석화할 수 있도록 훈련시킨다.[6] 비영리 플랫폼 사마소스 Samasource도 우간다, 케냐, 인도에 거주하는 난민들이 단기 데이터 작업을 수행할 수 있도록 훈련시키면서 아마존 메커니컬터크에서 일할 난민을 활발히 모집 중이다.[7] "원조하지 말고 일을 제공하자"라는 사마소스의 슬로건이 이 같은 사업들의 취지를 잘 표현하고 있다.

'미세노동microwork'이라는 용어도 사마소스가 '소액대출microloan'에서 영감을 받아 만든 말이다. 무직자와 저소득층에 돈을 빌려주는 소액 대출과 마찬가지로 임팩트 소싱도 시장에 대한 철저한 신뢰를 바탕에 두고 있다. 시장이 만능이라는 믿음으로 국가를 채무, 전쟁, 빈곤의 악순환에 빠뜨리는 사업을 정당화하는 것이다. 미세노동은 노동자에게 권리나 안정성, 일정한 직무를 보장하지 않고, 그 보수도 푼돈에 지나지 않아 간신히 먹고살 수만 있을 뿐 어엿한 사회의 일원으로 살아가기에는 불가능하다. 순전히 생물학적 생존을 위해 일해야 하고 사회적 삶은 기대할 수도 없는, 이른바 "벌거벗은 생명"의 상태에 있는 이들이 바로 난민촌, 빈민가, 강점지의 노동자들이다.[8]

이런 유형의 프로그램은 주로 특정 지역의 거주자들을

그 대상으로 삼는다는 점에서 다분히 인종차별적이고, 이런 특성은 다시 범산복합체prison-industrial complex의 논리와 연결된다. 범산복합체란 잉여 인구(주로 흑인)가 교정 시설에 수용되어 형벌의 일환으로 무보수에 가까운 보상을 받고 강제로 일하는 시스템이다.[9] 이와 유사하게 난민처럼 경제의 암흑 지대에 수용된 사람들을 착취하는 미세노동 프로그램은 난산복합체refugee-industrial complex의 은밀한 준동을 보여준다고 할 수 있겠다.

그러고 보면 사마소스의 전 CEO 레일라 자나Leila Janah가 이 곤궁한 노동자들의 실상을 존엄한 산업 역군으로 포장하기 위해 "가상의 조립 라인"이라는 완곡한 표현을 사용한 것도 충분히 이해가 간다.[10] 아무리 미세노동이 최악의 비공식 노동보다야 안전하다고는 해도(그리고 경우에 따라서는 그보다 더 벌이가 좋다고는 해도) 달리 마땅한 대안이 없는 사람들이 주로 선택하는 일인 것도 엄연한 사실이다. 미세노동 프로그램이 전쟁, 소요 사태, 경제 붕괴로 삶이 망가진 사람들을 주로 공략하는 이유를 두고, 자나 같은 옹호론자들은 "그들의 참상을 그냥 두고 볼 수 없어서"라고 강변하지만 사실상 그들의 참상을 이용하고 있는 것이다. 사마소스와 같은 조직들은 케냐 나이로비의 빈민가나 인도 콜카타의 판자촌에 사는

노동자들이 저임금이나 열악한 처우에 맞서 저항할 처지가 안 된다는 현실을 아주 잘 알고 있다.[11]

바로 이것이 "은밀한 자동화 장소"다. 세계 곳곳의 난민촌, 빈민가, 강점지의 주민들이 비참한 현실에 의해서, 혹은 법에 의해서 어쩔 수 없이 구글, 페이스북, 아마존 같은 기업의 기계학습에 연료를 공급해주고 있다. 일례로 자율주행차를 생각해보자. 초대형 플랫폼들의 각축장인 자율주행차 산업은 2019년에 540억 달러로 추산됐던 시장 규모가 2026년이면 5550억 달러를 거뜬히 넘어설 것으로 전망될 만큼 급성장 중이다.[12] 테슬라 같은 기업에 필요한 인력 중 상당수는 무인 자동차가 도로를 무사히 달릴 수 있도록 데이터를 깔끔하게 주석화하는 일을 담당하는 노동자다. 자동차의 내장 카메라로 촬영된 이미지에는 미가공 시각 데이터가 대량으로 존재하고, 이 데이터가 유용하게 사용되려면 범주와 라벨이 지정돼야 한다. 그래야 라벨링된 데이터를 토대로 자동차가 도시 환경을 인식하고, 보행자나 동물, 표지판, 신호등, 다른 차량 등 지형지물을 구별하는 법을 학습한다.

이 경우 테슬라 같은 기업이 사내에서 데이터 훈련을 수행하는 경우는 드물고 주로 범남반구에 외주를 준다. 2018년에 이런 미가공 데이터 중 75퍼센트 이상이 절체절명의 상황에 몰린 베네수엘라인들에 의해 라벨링됐다.[13] 베네수엘라의 경제가 붕괴한 후 물가가 무려 100만 퍼센트나 상승하자 한때 중산층이었던 상당수의 전문직 종사자를 포함해 새롭게 실직자 대열에 대거 합류한 이들이 하이브Hive, 스케일, 마이티AIMighty AI(2019년 우버에 인수) 등 미세노동 사이트에서 도시 환경 이미지를 주석화하는 일에 합류했고, 그 보수는 대개 시급 1달러가 안 됐다. 미세노동 사이트에 의뢰인의 신원이 명시되지 않기 때문에 어떤 대기업이 그런 일을 맡겼는지는 확인이 불가능하지만 구글, 우버, 테슬라가 전형적인 재난자본주의(타인의 재난을 이용해 이득을 취하는 행위 ― 옮긴이)의 행태를 보이며 베네수엘라의 위기를 아주 잘 이용했으리라 봐도 틀리진 않을 것이다. 앞으로도 당분간은 자율주행차용 데이터가 대부분 베네수엘라에서 공급될 전망이다.[14]

플랫폼 자본주의는 경제 붕괴의 피해자, 난민, 빈민으로 대표되는 명목상의 잉여 인구를 제물로 삼는다. 다시 말해 건전한 고용에서 만성적으로 배제된 이들에게 초단기 작업을 대량으로 맡기고 거기서 이득을 취한다. 구글과 페이스북 같은 기업은 노동시장의 변두리를 언제든 노동력을 뽑아 쓸 수 있는 예비 창고로 은밀히 사용 중이고, 그곳에 속한 노동자들은 완전히 고용되지도 않고 완전히 실직하지도 않은 어정쩡한 상태로 살아간다. 고작 1분 동안 알고리즘에게 보행자 식별법을 알려주는 사람으로 고용된 후 다시 그 예비 창고로 돌아가 또 다른 일거리를 찾아야 하는 처지다 보니 끊임없이 취업자와 실직자 사이를 오갈 수밖에 없다.

이들과 비슷한 처지에 있었던 사람들이 20세기 초 공장 시스템의 예비군이었다. "공장과 작업장 앞"에서 "수십 명의 남자가 문이 열리기만 기다리고" 있다가 "서로 들어가기 위해 럭비 경기 저리 가라 할 정도의 난장판"을 연출한 것이 당시 한 노동자가 묘사한 그들의 현실이었다.[15] 그나마 그들은 하루치 일을 얻으려고 경쟁했지만 지금 온라인에서는 기껏 쟁탈전을 벌여 확보한 일이 길어야 고작 몇 분간 지속될 뿐이다.

사마소스 같은 플랫폼은 미세노동을 "기초적 제조 노동의 디지털 버전"이라는 말로 애써 미화하지만, 미세노동자들은 20세기 공장 노동자나 방적공과 달리 고정된 직무가 없다. 그래서 하루 동안 각양각색의 작업을 전전해야 하는 그들의 경쟁은 차라리 비공식 노동시장에서 벌어지는 일거리 쟁탈전에 더 가깝다고 하겠다. 그들은 생존을 위해 끊임없이 경제의 다양한 틈새를 옮겨 다녀야 한다.[16] 이것은 곧 프랭크 스노든Frank Snowden이 말한 "프티 프롤레타리아트petty proletariat"의 디지털 버전이라 할 수 있다. 스노든이 이 계급을 설명하기 위해 생생하게 묘사한 19세기 나폴리의 풍경이 현재 뭄바이나 나이로비의 참상과 크게 다르지 않다.

이들은 노동자가 아니라 집계가 불가능할 만큼 상상 이상으로 다양한 역할을 수행하는 "남루한 자본가"였다. 관청에서는 이들을 "미세기업가"로 명명했다. 길거리의 최상류층은 매일 똑같은 장사를 하며 안정적인 소득을 올리는 신문팔이들이었다. 또 다른 장사꾼은 "집시 상인"이었다. 문자 그대로 시장의 유랑자였던 그들은 이 일 저 일을 닥치는 대로 했다. 그들은 채소와 견과류, 신발 끈을 팔고, 피자와 홍합, 재활용 의류를 팔고, 생수와 군옥수수, 사탕을 팔았다. 일부는 배달원, 전단지 배포자, 그리고 일주일에 고작 몇 첸테시모(이탈리아의 구 화폐였던 리라의 100분의 1에 해당하는 단위 — 옮긴이)를 받고 오물통을 비우거나 쓰레기를 치우는 가정집 청소부로 일했다. 그런가 하면 부자의 시신을 포조레알레의 묘지로 운구하는 마차를 따라가며 곡을 하는 일로 돈을 버는 이들도 있었다.[17]

클릭워커나 메커니컬터크의 노동자 역시 하루 동안

"상상 이상으로 다양한" 서비스를 수행한다. 그중에는 녹취록 작성, 데이터 처리, 설문 응답 같은 일이 있는가 하면, 인근 패스트푸드점의 정보를 찾아서 온라인에 게시하는 것처럼 무엇이라고 명확히 정의할 수 없는 일도 있다. 심지어 메커니컬터크의 노동자들은 발 사진을 찍어서 올리고 몇 센트를 받는 특이한 일을 수행하기도 한다.[18]

미세노동자는 계약서를 작성하지도 않고, 권리를 보장받지도 못하며, 규제의 적용 대상도 아니고, 일정한 직무나 일과가 존재하지도 않는다. 그런 점에서 재활용 플라스틱을 수거하는 일로 하루를 시작해서 열차에서 티슈를 파는 일로 하루를 마감하는 이민자와 별반 처지가 다르지 않다. 몇 분 단위로 새로운 일감을 찾아야 하는 이들에게 생존은 늘 불확실한 문제다. 세계은행 같은 기관의 공허한 격찬을 차치하고 보면 미세노동은 범남반구의 "일자리 문제"에 대한 새로운 해법이라기보다는 이미 팽창할 대로 팽창한 비공식 노동의 공식적 부속물이라는 해석이 더 정확할 것 같다.[19]

플랫폼들이 명목상의 잉여 인구에 의해 돌아가고 있다는 께름칙한 느낌은 범북반구로 시선을 돌려도 가시지 않는다. 그곳에서도 범남반구와 마찬가지로 미세노동은 주로 소외되고 탄압받는 이들의 몫이다. 단적인 예로 현재 핀란드의 수감자 노역에서 큰 비중을 차지하고 있는 일이 시장에서 고전 중인 스타트업들을 위한 데이터 훈련 작업이다. 메커니컬 터크로 갈 법한 작업들이 바이누Vainu라는 인력중개회사를 통해 수감자들에게 외주화되는 구조다. 바이누에 따르면 그 목표는 "일종의 교정 개혁"이다.[20] 작업이 완료되면 핀란드 교정 당국으로 보수가 지급되지만 그중에서 몇 퍼센트가 수감자의 몫으로 돌아가는지는 공식적으로 보고된 바가 없다.

이들 사업은 "직업 교육"의 기회로 홍보되고 있지만 그 근거가 빈약할 뿐만 아니라 그 작업들이 얼마나 단기적이고 제한적이며 고된 일인지 알면 그 말이 미심쩍게 들릴 수밖에 없다.[21] 육체 피로를 유발하는 밭갈이가 수감자의 유익을 위한 노동이 아니듯이, 알고리즘에게 "사과"라는 단어의 다양한 의미를 반복적으로 알려주며 정신적 피로를 불러일으키는 노동 역시 수감자의 밝은 미래를 위한 것이 될 수 없다. 미세노동은 난민촌과 교정 시설에서 행해지는 노동의 형태가 됐든, 사회복지의 탈을 쓴 근로연계복지workfare(노동이나 직업 훈련을 전제로 혜택을 제공하는 복지 제도―옮긴이)의 형태가 됐든 저렴한 노동력의 잉여분을 활용하는 편리한 수단이며, 이익 창출뿐만 아니라 질서 유지를 위해서도 아주 유용하다.

2008년 세계 금융 위기가 발발한 후 미국의 여러 주정부가 사마소스와 협약을 맺고 구직자들에게 온라인 노동에 대한 교육을 실시했다. 특히 가뜩이나 제조업의 쇠퇴로 고전하는 와중에 금융 위기로 직격탄을 맞은 러스트벨트(과거 제조업이 융성했던 미국 오대호 주변 지역 — 옮긴이)에서 그런 움직임이 활발히 일어났다.[22] 취지는 장기 실업자가 멋진 신경제에 편입되게 만드는 것이다. 그 신경제에서 노동자를 기다리는 것은 정규직 공장 일자리와 깐깐한 관리자가 아닌 임시 작업과 폭압적인 알고리즘이다. 이런 프로그램들은 표면적으로 '교육'을 내세우지만, 대부분의 경우 그 교육을 받는 사람이 미세노동 사이트를 이용하기 때문에 어디까지가 교육이고 어디서부터가 근로연계복지인지 구별이 명확하지 않다.

미국과 유럽에서 전개되는 미세노동의 양상을 극단적으로 보여준 사례라고 할 수 있는 사마소스는 범북반구의 인구 중에서 누가 미세노동 사이트를 사용하는지가 드러난다는 점에서 시사하는 바가 크다. 그들은 "실직 교사, 거동이 불편한 전문직 종사자, 퇴역 군인, 광장 공포증이 있는 작가, (중략) 무직 부모"다.[23] 이 노동자들도 시리아 난민이나 콜카타 빈민가의 주민들처럼 자본의 궤도에 끌려 들어오고서 공식 노동시장의 바깥으로 내던져진 경우가 많다. 카를 마르크스의 표현을 빌리자면 이들은 "상대적 잉여 인구"다. 상대적 잉여 인구란 생계를 유지할 만큼의 노동시간이 보장되지 않는 "부분적 취업" 인구와 무임금으로 무한정 방치되는 "정체적" 인구를 포함해 노동시장에서 남아도는 인구를 뜻한다.[24]

이 실의에 빠진 참가자들은 수요의 변화에 따라 노동자를 쓰고 버리는 변덕스러운 시스템의 필수 요소다. 노동 인구에 편입되는 순간 노동자는 자연스럽게 이 수요의 원칙에 영향을 받게 된다. 노동력에 대한 수요가 감소해서 고용 기회가 축소되면 노동자는 생계를 유지할 다른 방편을 찾아야 한다. 그것은 근로연계복지가 될 수도 있고, 비공식 노동이 될 수도 있고, 의식주를 구걸하는 것이 될 수도 있다. 미세노동은 이 암울한 대안의 대열에 가장 최근에 합류한 방편에 불과하다.

일자리의 종말?

그러면 우리는 어쩌다 이 지경이 되었을까? 어쩌다 안정적이지도 않고 보수도 형편없는 임시직 일거리에 점점 더 많은 인구가 매달리는 상황에 이르렀을까? 그들의 처지는 사실상 실직과 다르지 않다. 그들에게는 비공식 노동과 공식 노동이 크게 다르지 않다. 이제는 여러 기준에서 봤을 때 비공식 노동과 공식 노동이 구별되지도 않는다. 어쩌다 우리는 이렇게 됐을까?

이런 의문 앞에서 흔히 나오는 이야기가 로봇이 일자리를 빼앗아 간다는 것이다. 그 논리는 요컨대 컴퓨터와 로봇 공학의 발달로 노동시장에 여유가 생기자 노동자는 넘치는데 일거리는 부족한 상황이 됐고, 그래서 노동자들이 필사적인 경쟁을 벌이자 고용주는 임금을 깎고 권리를 박탈할 수 있게 됐으며, 이에 점점 더 많은 노동자가 시스템에서 완전히 배척되는 악순환이 벌어지고 있다는 식이다.[25] 이처럼 일자리가 종말이라고 할 수준으로 급감하고 있다는 이야기는 오늘날 자동화 기술의 능력을 과대 포장할 뿐만 아니라 명백한 진실을 호도하는 측면이 있다. 그 명백한 진실이란 기술의 발달로 기존의 일자리가 역사의 쓰레기장에 매립되는 현상이 과거에도 항상 존재해왔다는 사실이다.

그런데 최근 사태에서는 그보다 훨씬 치명적인 문제가 드러난다. 나날이 더 많은 사람이 자본의 세력권 안으로 들어오고 있지만 이제는 그들을 수용할 만한 일자리가 충분히 창출되고 있지 않는 것이다.[26] 일자리 창출의 속도는 점점 더 느려지는데 임금에 의존하는 노동자의 수는 점점 더 빠르게 증가하고 있다. 글로벌 시스템이 성장 정체라는 질병에 걸리면서 노동자들은 더욱더 불안정하고 단기적인 서비스 노동으로 밀려나고 있는 반면, 자본은 데이터의 상품화와 AI의 미래에 대한 투기성 투자에 앞다퉈 열을 올리고 있는 형국이다. 이런 상황이라면 잉여 인구의 증가세가 더욱 가팔라질 것으로 예상된다.

이것은 취업과 실업의 경계가 무너지고 있다는 이야기다. 이 이야기는 1970년대의 수익성 위기로 시작해서 독점적 플랫폼들이 지배하는 세상으로 이어진다. 그 세상에서는 수익 창출을 위해 노동력을 활용하는 것만큼이나 데이터를 활용하는 것이 중요하다. 그렇다 보니 노동자는 여전히 임금에 의존하지만 임금을 지급하는 일자리는 갈수록 줄어들고 있다. 자본에 대한 이야기가 모두 그렇듯이 이 이야기도 모순적이다. 데이터와 AI로 인해 시스템 안에 새로운 생명이 탄생했지만 세계 경제는 그런 기술의 발달에 눈이 멀어 제 속살을 서서히 갉아먹는 질병을 보지 못하고 죽어가고 있기 때문이다.

제2차 세계대전 직후의 시대는 유례없는 역동성과 임금 인상, 고생산성, 비교적 안정적인 경제 성장을 특징으로 하며 자본주의의 역사에서 예외적인 순간이었다. 그 역동성의 수혜자들, 주로 범북반구의 백인 남성 노동자에 해당된 그들은 사회민주주의 덕분에 강력한 복지 제도를 보장받았다. 그리고 포드주의적 경제정책에 의해 장기적이고 대대적으로 자본이 투입되면서 경제가 탄탄하게 성장한 덕분에 안정적인 일자리를 확보하고 광범위한 노동운동을 전개할 수 있었다. 이런 변화의 중심에 선 나라가 전쟁으로 초토화된 세계 경제의 잔해 속에서 새로운 패권국으로 부상한 미국이다. 미국이 제조와 수출을 주도하며 경제에 활력을 불어넣자 후발 주자인 독일과 일본이 합세해 삼파전을 벌이며 활황이 이어졌다.[27]

하지만 그 시기가 오래가진 못했다. 1960년대 중반부터 미국, 일본, 독일에서 제조하는 각종 상품들이 점차 대동소이해진 것이다. 얼마 안 가서 생산 과잉으로 수익성이 급감하는 위기가 찾아왔고, 그 결과가 지금까지 지속되고 있는 "구조적 장기 침체"다.[28] 이런 국면에서 가장 먼저 타격을 입은 쪽은, 설비는 노후화되고 비용은 더 많이 드는 미국 제조업계였다. 이에 미국은 브레튼우즈체제Breton Woods system (1944년 브레튼우즈협정에 의해 확립된 통화 체제로, 그 골자는 미국 달러를 기축통화로 하는 조정 가능한 고정환율 제도이다. 하지만 이후 유럽 경제는 성장하는 반면 미국은 무역수지 적자를 벗어나지 못하자 1971년 닉슨 대통령이 사실상 해체를 선언했다—옮긴이)를 파기하고 일련의 환율 조정을 통해 달러화의 평가 절하를 단행함으로써 독일과 일본, 이어서 유럽 전역에 위기를 전가했다. 순식간에 전 세계적으로 제조업이 침체되면서 세계 경제가 활력을 잃었다. 그리고 이 경제적 무기력증은 수십 년이 지난 지금까지 계속 악화되고만 있다.

생산 과잉에서 비롯된 침체가 장기화되자 전 세계에서 이른바 탈공업화가 시작됐다. 국가 간 경쟁이 극한으로 치달으면서 가장 먼저 미국에서 제조업이 쇠퇴하기 시작했고, 곧이어 GDP 최상위권 국가들이 그 전철을 밟았다. 1965년부터 1973년까지 미국의 제조업 수익률은 43.5퍼센트 감소했고, 나머지 G7 국가들에서도 비슷한 수준으로 제조업 수익률이 급감했다.[29] 1970년부터 2017년까지 미국, 독일, 이탈리아, 일본에서는 제조업 종사자가 약 3분의 1 감소했고, 프랑스는 그 감소폭이 2분의 1, 영국은 3분의 2에 달했다.[30] 이 같은 탈공업화는 국가별로 속도의 차이는 있으나 대체로 장기적이고 비대칭적이며 모순적인 현상이라는 특징이 있다. 그런데 이제는 탈공업화가 범북반구 선진국의 전유물에 그치지 않는다. 전 세계 GDP에서 차지하는 제조업 비중이 매년 감소 중이기 때문이다.[31]

역사적으로 보면 1970년대와 같은 수익성 위기는 그

이전에도 시스템이 굴러가기 위해서 주기적으로 발생하는 일시적 현상이었다. 그것은 특정한 경기 순환 주기나 산업 패러다임이 수명을 다했다는 신호다. 그 시점에서는 그동안 생산성이 증가한 결과로 모든 경쟁자가 가격을 인하함으로써 우열을 가리기가 점점 어려워진다. 그에 따라 품질과 가격이 비슷한 상품으로 시장이 포화되고, 자본은 새 출발을 위해 자폭 버튼을 눌러 점점 더 많은 노동자를 길바닥으로 내몬다. 그렇게 해서 늘어나는 실업자와 불완전 취업자들은 투자의 흐름이 기존의 수익성 낮은 산업에서 수익성 좋은 새로운 산업을 향하도록 방향을 바꾸어 다시 일자리가 생겨나기만을 기다린다.[32] 이후 새로운 혁신이 동력을 얻으면서 노동자는 재고용되고 새로운 경기 순환 주기가 더 큰 규모로 다시 시작된다.

　예를 들어 근세 영국의 농업에서 혁신이 일어나 노동력 절감과 함께 생산력이 극대화되자 상품 가격이 하락하고 시장이 포화됐다. 그 결과로 노동자들이 실직하고 자본의 가치가 감소했다. 시골에서 쫓겨난 노동자들은 새롭게 형성되고 있던 도시로 유입됐다.[33] 이들은 계속 잉여로 남아 있지 않고 당시 융성 중이던 섬유업에 조속히 배치됐다. 다축방적기와 역직기의 도입으로 섬유업의 생산력이 급격히 향상되자 상품 가격이 떨어지고 소비자의 수요가 증가하면서 노동력에 대한 수요도 증가했다. 하지만 기업 간 경쟁이 심화됨에 따라 금세 시장이 포화됐다. 이어진 수익성 위기로 더 많은 노동자가 일터를 잃으며 잉여 인구가 증가했으나, 이들은 다시 신흥 산업인 전기업과 통신업에 빠르게 편입되어 시스템을 더욱 확장시켰다.

간단히 말해 퇴출, 재배치, 확장으로 전개되는 이 노동의 리듬이 역사적으로 경기 순환 주기들 사이에 발생하는 격동의 전환기마다 존재했다. 하지만 1970년대 수익성 위기 이후로 이 리듬에 균열이 생겼다. 비공식 노동, 불완전 취업, 임금 정체, 고용 없는 경기 회복, 전 세계적인 직업 안정성 약화, 노동운동 위축을 포함해 다양한 현상이 머지않아 더욱 치명적인 고용의 위기가 도래하리라는 불길한 징조로 읽힌다.

이런 위태로운 상황을 초래한 원인으로 흔히 거론되는 것이 있다. 기계에 의해 퇴출된 노동자가 새로운 기술을 습득하려면 시간이 걸려서 새로운 산업으로 빠르게 흡수되지 못한다는 점이다.[34] 이를테면 제조업 정규직 일자리에서 쫓겨난 이들은 프로그래머가 되기 위한 기술을 빠르게 습득하지 못하기 때문에 고용으로 이어지지 못한다는 논리다. 하지만 이런 주장을 순순히 받아들일 수 없는 이유가 있다.

무엇보다 중요한 이유는 앞서 출현한 통신, 전기, 증기 같은 기술과 달리 컴퓨터는 범용성을 갖고 있기에 과거보다 훨씬 많은 산업에서 노동력에 대한 수요가 감소하고 있다는 점이다.[35] 마르크스는 자본주의가 전개되는 과정에서 혁신적 기술이 보편화됨에 따라 생산과정에서 노동의 필요성이 차츰 줄어들 것이라고 예견했다.[36] 현시대를 그 예견의 암울한 종착점이라고 보는 다수의 자동화 이론가들은 컴퓨터 기술, 특히 최근의 AI 기술로 인해 고도의 생산성 혁신이 일어나면서 경제의 주변부로 밀려나는 노동자가 계속 늘어나고 있다고 주장한다.[37]

하지만 이런 해석도 전적으로 옳지는 않다. 과거의 산업 패러다임과 달리 컴퓨터 기술을 위시한 디지털 기술의 발전은 잉여 노동자를 흡수하고 시스템의 확장을 추동할 정도로 생산성을 증대하지 못했기 때문이다. 그래서 경제학자 로버트 솔로Robert Solow는 "어디서든 목격할 수 있는 컴퓨터 시대를 오직 생산성 통계에서만은 볼 수 없다"라고 꼬집었다.[38]

어떤 면에서 보자면 현재의 시스템은 자본을 더 큰 규모로 재생산하는 것이 아니라 잉여 노동력을 더 큰 규모로 재생산하고 있는 것 같다. 로버트 브레너Robert Brenner를 시초로 많은 학자가 지적했듯이 그런 현상의 주된 원인은 자동화로 인해 일자리가 줄어들고 있기 때문이 아니다. 제조업의 이윤이 축소되면서 기존의 성장 모델은 종식됐으나 새로운 성장 모델이 탄생하지 못했기 때문이다.[39] 이런 맥락에서 아론 베나나브Aaron Benanav는 노동력에 대한 수요가 감소하는 이유를 다음과 같이 설명한다.

> 그것은 자동화 이론가들의 주장과 달리 생산성의 성장률이 증가하고 있기 때문이 아니라 산출물에 대한 수요가 불충분하기 때문이다. 그 원인을 찾자면 전 세계적으로 산업 생산력이 급증하면서 자본이 과잉 축적됨에 따라 제조업의 확산세가 약화되고 경제 전반의 성장률이 감소했기 때문이다. 이것이 여전히 노동시장의 불황을 초래하는 주요한 사회경제적 요인으로 남아 전 세계 노동자에게 타격을 입히고 있다.[40]

이런 흐름은 1970년대부터 이어진 프롤레타리아화의 바람으로 더욱 거세지고 있다. 전 세계적으로 노동자의 수가 증가하면서 자본의 확장 욕구는 일시적으로 충족됐으나, 시스템은 노동력에 대한 수요가 점점 줄어드는 시대에 오히려 노동력의 공급량은 늘어나는 상황에 봉착했다. 이어서

1980~1990년대에 과거 공산권 국가들이 시장경제에 편입되고 범남반구의 많은 식민지가 해방되면서 전 세계적으로 노동자가 급격히 증가하자 시스템은 그들을 수용하기 위해 일자리를 더욱 늘려야 했다. 하지만 그 방편으로 주로 사용된 것은 새로운 일자리 창출이 아니었다. 기존의 일자리를 다른 지역으로 이전하는 것이었고, 그에 따라 본래는 범북반구에서 수행되던 작업 중 상당수가 경쟁 논리에 의해 인건비가 더 저렴한 범남반구로 이전됐다. 그런 와중에 중국과 인도 같은 국가에서 비교적 최근에 생긴 제조업 일자리 중 상당수가 어느새 탈공업화의 희생양이 되기 시작했다.[41]

그렇다고 컴퓨터 시대가 도래한 이후로 꾸준히 예견됐던 일자리의 종말이 실현된 것은 아니지만, 장기 실업이 증가하고 있는 것은 반박의 여지가 없는 사실이다. 제2차 세계대전 직후 영국과 미국은 2퍼센트 수준의 실업률을 유지했고 나머지 국가들은 실업률이 1퍼센트에 불과했다.[42] 이후 미국과 대부분의 서유럽 국가는 목표 실업률을 5퍼센트로 상향했고 현재 OECD 실업률 평균은 그 목표치를 살짝 상회한다.[43] 1970년대 이후로 지금까지 미국의 실업률은 평균 7퍼센트에 육박했다.[44] 유럽연합의 평균 실업률은 1960년부터 1990년까지 2퍼센트에서 8퍼센트로 증가했고, 이후로는

2008년 세계 금융 위기 때처럼 일시적으로 급상승하는 경우가 있긴 했어도 대체로 안정적으로 유지되고 있다.[45] 다만 코로나 팬데믹의 영향으로 상황이 달라질 여지는 있다.

그런데 실업률보다 더 중요한 사안이 있다. 전 세계적으로 제조업에서 서비스업으로 노동자가 대거 이동한 현상이다. 서비스업은 제조업과 농업을 제외한 금융업, 소매업, 요식업, 숙박업, 보건업 등 모든 업종을 통칭하는 광범위한 용어로 쓰인다.[46] 영국과 미국처럼 탈공업화가 급격하게 진행된 국가일수록 서비스업 종사자도 가파르게 증가했다. 1970년부터 2016년까지 영국 경제에서 제조업 부가가치의 비중이 30퍼센트에서 10퍼센트로 하락하는 동안 서비스업 부가가치의 비중은 55퍼센트에서 80퍼센트로 급등했다.[47] 미국도 비슷한 동향을 보였다. 이런 수치가 명백히 보여주는 것은 이 기간에 서비스업이 영국과 미국 경제의 대부분을 차지하게 됐다는 꺼림칙한 현실이다.

제조업과 달리 서비스업은 대부분의 일자리가 경제학자 윌리엄 보몰William Boumol의 표현을 빌리자면 "기술적으로 정체되어" 있다.[48] 다시 말해 서비스업은 자동차 산업에서 대대적인 생산성 향상을 부른 것과 같은 기술적 도약을 거부한다. 제이슨 E. 스미스Jason E. Smith는 그 이유를 "방을 청소하거나 아이를 돌보는 것" 같은 "비숙련" 서비스 노동에는 "공간 지각 능력과 계산 능력, 민첩한 손놀림과 몸놀림이 요구되는 것은 물론이고, 주어진 상황에서 '깨끗함'이나 '안전함'의 의미를 자연스럽게 해석할 수 있는 이해력이 필요하기 때문에 지금껏 기계가 모방하려던 시도가 번번이 좌절됐다" 라고 설명한다.[49] 그래서 이런 일들은 그간 제조업에 영향을 미쳤던 유형의 자동화 기술이 침투하지 못하고 지금까지도 비교적 노동집약적인 형태를 유지하고 있다.

그런데 점점 많은 사람이 이 같은 저생산성 일자리로 밀려나고 있다. 하지만 이런 일자리의 증가율이 제조업 일자리의 감소율에 미치지 못하다 보니 노동자 각자에게 돌아가는 소득은 계속 줄어들고 있는 추세다. 그래서 물류창고, 택시, 요식업, 숙박업, 소매업 일자리 중 상당수가 저임금 파트타임직이거나 허울 좋은 "자영업" 계약을 요구하는 것이다. 일자리가 절실한 노동자 입장에서는 경쟁자가 늘어날수록 더욱 필사적으로 매달릴 수밖에 없고, 그 덕분에 고용주는 적정한 임금으로 기준을 낮출 수 있다.

이 경쟁에서 도태된 사람들이 맡게 되는 것, 혹은 창출하는 것은 이전에 듣지도 보지도 못한 서비스업 일로, 예를 들면 친구 대행이나 애완동물 돌보미 같은 일이다. 이런 일이 끊임없이 탄생하며 점점 더 많은 인간 활동을 점유해나가고 있다. 이것만 봐도 '서비스업'이라는 말은 침체된 시스템이 노동자를 위해 풍성히 준비해놓은 비극의 양상을 이루 다 표현하지 못한다고 할 수 있겠다.

하등 취업

1970년대의 위기가 닦아놓은 기반 위에서 1980~1990년대에 유연하고 서비스 중심적인 노동시장이 개척됐다면, 2008년 세계 금융 위기에 대한 대응은 그런 변화의 도상에서 "하등 취업"이라는 또 하나의 지위를 완성시켰다. 하등 취업은 극도로 단기적인 임시 취업, 무보수 노동이 대량으로 요구되는 취업, 심각한 불완전 취업 내지는 노동 빈곤(일은 하지만 빈곤을 벗어나지 못하는 상태—옮긴이), 가장 불우한 유형의 실업보다도 나은 삶을 보장하기 어려운 취업을 아우르는 말이다.

경제 회복이 무한정 지연된 결과로 탄생한 하등 취업은 2008년 이후 공고해진 일련의 현상을 설명하는 요인이기도 하다. 지난 10여 년간 우리가 맞닥뜨린 것은 경제적 비극과

정치적 위험이 동반된 불안정의 시대로, 19세기 말엽부터 범북반구에 속한 대부분의 정부에서 막으려고 했던 국면이다. 그 시절에는 세계적으로 여전히 많은 사람이 비자본주의적 농업에 의존하고 있었지만, 지금은 세계인 대부분이 임금에 의존하고 있는 상황에서 임금이 점점 줄어들고 있다.

그에 따라 전 세계적으로 노동의 풍경이 비공식 노동, 임시 노동, 유사 노동으로 얼룩진 거대한 황무지로 변하고 있다. 이런 노동이 제공하는 일거리란 근로연계복지와 마찬가지로 순전히 잉여 인구를 길들이기 위한 목적으로 만들어진 것이 많다. 상황이 이렇다 보니 현재 많은 사람이 저마다 정도의 차이는 있어도 취업과 실업 사이, 임금이 있는 삶과 없는 삶 사이의 불구덩이에 빠져 있다. 이것은 산업 성장기의 잔해 속에 남아 있던 불씨가 만든 구덩이다.

이런 현상을 논하며 "프레카리아트precariat"(불안정한 노동자 계층—옮긴이)나 "악성 취업malemployment"이라는 용어를 쓰는 사람들도 있지만 내가 굳이 1970년대 자유주의 경제학자들이 처음 사용한 "하등 취업subemployment"을 선택한 이유는 다른 용어들과 달리 취업과 실업의 상황이 더욱 열악해진 현실을 다면적으로 표현할 수 있기 때문이다.[50] "하등sub"이라는 접두사는 "아래, 이하, 불완전, 준準, 열위"라는 여러 의미를 내포하고 있는 만큼 일견 이질적으로 보이나 실상은 상호 연결되어 있는 현상들을 종합하는 단일한 용어를 만들기에 성장 둔화기에 노동력에 대한 수요가 감소하며 나타나는 심각한 결과들을 지칭하기에 적절하다고 판단했다.

범북반구에서 목격되는 하등 취업의 예를 들자면 현재 영국에서 증가세를 보이는 인력중개소 이용자, 일시직 노동자, 0시간 계약zero-hour contract(고용주가 최소한의 노동시간을 보장할 의무가 없는 노동 계약―옮긴이) 노동자를 꼽을 수 있겠다. 이들은 이곳저곳을 전전하며 단 몇 시간씩만 일하기 때문에 종업원으로서 권리를 보장받지 못한다. 게다가 단 몇 시간이라도 일하고 있기 때문에 실업급여를 수령할 자격도 갖추지 못하고 실업자 통계에도 잡히지 않는다. 그러나 워낙 삶이 불안정하다 보니 몇 시간이라도 일이 들어오면 수락할 수밖에 없다. 독일 정부가 도입한 '미니잡mini job' 제도의 경우에도 월 소득 총액이 450유로 정도 되는 불안정한 노동을 시키면서 표준적인 고용에 수반되는 주요한 혜택은 보장하지 않는다. 이 같은 처우는 노동자를 복지의 사각지대로 내몰아 노동 빈곤을 겪게 하기 때문에 차라리 무직자가 되는 것보다 더 심각한 상황을 초래할 때가 많다.[51]

예를 들어, 이른바 '긱 경제gig economy'(주로 플랫폼 노동자로 구성된 임시직 위주의 경제—옮긴이)에 종사하는 노동자는 종업원에게 주어지는 권리를 전혀 누리지 못하면서 독립계약자와 같은 자유도 누리지 못한다. 인간에게 감독받지 않는다고 해도 그보다 더 폭압적인 알고리즘의 지배를 받기 때문이다. 긱 경제 노동은 대체로 저임금이고 노동시간이 유동적이기 때문에 생존을 위해서는 여러 플랫폼을 이용해야만 한다.

영국과 그 이웃 국가들은 그처럼 달갑지 않은 노동으로 노동자를 밀어 넣기 위해서 복지 제도를 대폭 손질했다. 그 결과로 개악된 부분이 한둘이 아닌데, 그중 하나가 실업을 취업처럼 느끼게 만든 것이다. 실업의 유사 취업화는 "신노동당New Labour"(전통적 좌파 정당이던 노동당이 좌나 우로 치우치지 않고 그 사이로 난 이른바 "제3의 길"을 걷는 개혁을 이루겠다는 취지를 담은 슬로건으로, 노동당의 우경화를 상징하는 말—옮긴이)의 기치를 내건 토니 블레어 행정부에서 시작되어 데이비드 캐머런의 연립정부(2010년 총선에서 캐머런이 이끄는 보수당은 정권 교체에 성공했으나 의석 과반 확보에 실패함에 따라 자유민주당과 연정을 구성했다—옮긴이)가 확립한 근로연계복지 체제하에서 음울한 절정에 이르렀다. 이제 실업에는 상당한 노동이 수반된다. 복지라는 미명하에 "구직자"가 매일 구직 활동을 하고, 정기적으로 잡센터 플러스Jobcentre Plus(노동연금부 산하의 실직자 지원 기관—옮긴이) 사무소를 방문하며, 구직 활동에 대한 상세한 보고서를 작성하고, 민간에서 운영하는 구직 프로그램에 참여할 의무가 생겼기 때문이다. 이런 현실을 이보르 사우스우드Ivor Southwood가 재치 있게 표현했다.

실업이 가짜 직장, 가짜 출퇴근 시간, 가짜 관리자가 존재하는 취업의 모방품으로 변질됐다. 이제 민간업체의 살벌한 감독을 받는 존재로 민영화된 구직자는 복지 혜택이 취소될 수 있다는 협박을 받으며 취업 성공의 밝은 전망에 대한 설교를 억지로 들어야 한다.[52]

구직이 취업처럼 느껴진다면 그나마 다행이다. 심하면 구직이 왜곡된 형태의 취업으로, 일만 하고 돈은 받지 못하는 취업으로 바뀌기도 한다. 이언 던컨 스미스Iain Duncan Smith 전前 노동연금부 장관이 도입한 근로연계복지 프로그램인 "헬프 투 워크Help to Work"의 "비호" 아래 실업급여 수급자는 "노동 경험"을 쌓기 위해 테스코Tesco(대형 마트—옮긴이), 낸도스Nando's(패스트푸드점—옮긴이), 부츠Boots(드러그스토어—옮긴이) 등의 점포에서 무급으로 일해야 한다.[53]

이런 형태의 무급 노동은 하등 취업의 전형, 혹은 리 클레어 라 버지Leigh Claire La Berge가 말한 "탈상품화된 노동"의 전형이다.[54] 탈상품화된 노동의 또 다른 예를 찾아보자면 추후 임금을 지급한다는 약속을 믿고 일하는 인턴, 무보수 연구조교, 인지도 향상을 기대하며 임금을 포기하는 온라인 인플루언서 등이 있다. 무급으로 고용될 때 노동은 상품의 지위를 잃고 탈상품화된다. 계속해서 수익은 창출하지만 가격표는 붙지 않은 노동이 되는 것이다.[55]

일반적으로 탈상품화라고 하면 시장에서 거래되던 재화나 서비스를 정부가 무상으로 공급함으로써 노동자가 노동을 하지 않고도 기본적 필요를 채울 수 있게 만드는 것을 뜻한다.[56] 대표적인 예가 영국의 무상의료체계인 국민보건서비스National Health Service, NHS다. 그러나 지금은 이런 유토피아적 조류에 씁쓸한 역전 현상이 일어나 임금이 거래의 대상으로서 지위를 박탈당하고, 그에 따라 고용주는 무료로 노동을 제공받지만 노동자는 아무것도 받지 못하는 상황이 됐다. 그렇기에 탈상품화된 노동은 취업도 실업도 아니요, 임금 노동의 테두리 안에도 밖에도 속하지 않는다. 이런 구도는 지금과 같이 임금이 여전히 우리 삶의 뼈대가 되지만 임금을 받기가 날로 어려워지며 잉여 인구가 늘어나는 시대상을 생

각하면 특히 더 심각하게 다가온다.[57]

　　앞서 캐머런 행정부의 복지 정책에 대한 설명에서 알수 있듯이 탈상품화된 노동은 주로 정부의 협조하에 자본가에게 제공된다. 영국 외에도 미국, 호주, 헝가리, 싱가포르 등지에서 정부의 근로연계복지 프로그램에 참여하는 사람들이 늘어나고 있는데, 이런 현상은 일거리를 못 찾으면 정부에 의해 무급 노동을 강요받을 수도 있는 세상이 도래했음을 보여준다. 더 나아가 근로연계복지의 이름으로 실업에 처벌이 가해지지 않을 때는 한술 더 떠서 실업이 곧 범죄로 간주되기도 한다.

　　캘리포니아주의 교정 제도를 분석한 루스 윌슨 길모어 Ruth Wilson Gilmore의 《황금 수용소Golden Gulag》에 따르면, 20세기 후반에 실업률이 증가하자 교도소가 잉여 인구를 생산 인구로 전환하는 거대한 산업 단지로 변모했다.[58] 그리고 비슷한 현상이 2008년 이후 세계 곳곳에서 거세게 일어나고 있다. 점점 더 많은 재소자가 가장 야만적인 형태로 소모품 취급을 당하고 있다. 이를테면 강압적인 "계약"에 의해 캘리포니아 북부에서 화마와 싸우는 화재 진압 요원이 되거나, 무장 경비원들의 살벌한 감시하에 위험할 정도로 노후화된 기계를 조작하는 작업을 떠맡는 식이다.[59]

범북반구에서 미세노동이 하등 취업의 전형적인 현상, 요컨대 불안정 취업, 불완전 취업, 무임금 노동, 강제 노동, 고도의 알고리즘 자동화에 기대어 자라나긴 했지만, 플랫폼들의 동력이 되는 노동자 중 대다수는 이미 2008년 금융 위기가 닥치기 훨씬 이전에 하등 취업의 거대한 실험장에서 태어났다. 그곳은 바로 범남반구의 거대하고 여전히 확장 중인 비공식 노동계다. 범남반구의 많은 국가가 식민 통치의 마수에서 벗어나자마자 다시 시장 침체와 구조조정의 마수에 빠져 (IMF와 세계은행은 경제 위기에 처한 국가에 차관을 제공하는 대가로 경제의 대대적 구조조정을 요구했는데, 한국도 1997년 외환 위기 당시 IMF의 요구를 수용했다—옮긴이) 공식 취업이 극소수 특권층의 전유물이 되고 말았다. 2008년 금융 위기 이후 10년간 아시아 태평양 지역에서는 비공식 취업이 전체 노동시장의 68퍼센트를, 아프리카와 아랍에서는 85퍼센트와 40퍼센트를 차지했다.[60]

이처럼 "공식 일자리의 구조적 결핍 현상으로 (중략) 비공식 노동계에서 극심한 쟁탈전이 벌어지는" 상황에서 경제의 변방으로 추방된 수많은 사람이 기본적으로 상품과 서비스를 팔고 심부름을 하는 와중에도 이루 다 말할 수 없이 많은 역할을 수행하고 있다.[61] 워싱턴 컨센서스의 대변자들은 이들의 노동을 결코 해갈되지 않는 사업가 정신의 발로라고 포장하지만 사실은 비극적 삶의 생생한 표본일 뿐이다. "자영업"이라는 말은 그 의미가 극한으로 확장돼 이제 인력거를 끌고 불법으로 장기를 파는 것 같은 야만적인 행태까지 포함할 정도다. 비공식 노동은 부스러기 수준밖에 안 되는 일거리라도 끊임없이 찾아다니는 "임금 수렵채집인들"의 지하 경제다. 그 부스러기는 자본주의의 식탁에서 떨어진 음식물이 아니라 오물통에 버려진 음식물 쓰레기에 가깝다. 하지만 멀쩡한 음식을 받아본 적 없는 사람들은 그 쓰레기라도 놓칠세라 잽싸게 채 가기 바쁘다.[62]

경제의 본류에서 비공식 노동이 완전히 차단됐다는 주장은 세계은행 같은 기관이 현실과 다르게 하는 말이고, 지금은 미세노동과 긱 노동이 풀타임 취업의 자리를 대신 차지하면서 활성화되고 있는 만큼 비공식과 공식의 경계가 그 어느 때보다 부실한 상태다. 마이크 데이비스의 말을 빌리자면, "비공식 프롤레타리아트 중 일부는 분명히 공식 경제의 보이지 않는 노동자"다.[63] 아직은 작은 흐름 수준에 머물러 있긴 해도 월마트 같은 기업이 인도의 좌판으로 공급 사슬을 확장하고 있고, 세계 패션업계가 뭄바이와 델리의 거리에 즐비한 구멍가게를 이용한다는 실태가 문건으로 잘 정리되어 있다.[64] 문제는 주변부에서만 발생하던 이런 현상이 이제는 심장부로 침투 중이라는 사실이다. 플랫폼 자본주의가 미세노동 사이트를 통해 더욱 광범위한, 따라서 더욱 추적이 어려운 공급 사슬을 확충하면서 비공식 노동의 논리와 현실을 자본축적의 새로운 표준으로 만들고 있다.

이제는 세계 최대 기업들이 시스템에 버림받고 눈에 띄지 않는 존재가 되어버린 수많은 사람에 의해 돌아간다. 플랫폼들은 비공식 노동을 통해서라도 곤궁한 삶에서 벗어나려고 발버둥 치는 사람들, 혹은 공식 노동의 낭떠러지를 간신히 붙들고 있는 사람들 속에서 더 나은 삶을 약속하기만 하면 순순히 넘어올 만큼 절박한 이들을 숱하게 발견했다. 하지만 이런 약속은 금세 파기된다. 비공식 부문에서 구할 수 있는 옹색한 서비스 노동은 노동자 권리, 상시성, 일정한 직무, 안정성, 미래라고 할 만한 것이 전혀 없다는 점에서 현재 IT 대기업들이 이용하는 미세노동의 청사진이라 할 만하다.

세계은행 같은 기관이 거리에서 티슈를 파는 사람들과 데이터를 라벨링하는 사람들에게 똑같이 "미세사업가"라는 칭호를 붙인다는 사실에서 불편한 진실이 드러난다. 미세노동부터 좌판 행상에 이르기까지 방대한 노동을 아우르는 거대한 변두리에 속한 사람들은 알량한 법적 지위를 인정받느

냐 못 받느냐 하는 미미한 요인을 제외하면 사실상 서로 차
이가 없다는 사실 말이다.[65]

2장

Work without the Worker

인공지능 혹은
인간지능?

일자리의 종말은 연막일 뿐이다. 실제로 우리 눈앞에서 펼쳐지고 있는 현상은 점점 더 많은 서비스직 일자리가 긱 노동, 미세노동, 크라우드 노동으로 변질되고, 자동화가 주로 노동자와 알고리즘의 협업 형태로 전개되는 것이다.

거대 플랫폼들에게 미세노동자는 법적 지위를 떠나서 인간으로서 존재감 자체가 미미하다. 아마존 메커니컬터크의 노동자를 "인공적 인공지능"이라고 표현한 제프 베조스의 발언은 이미 너무나 유명하다. 원조 메커니컬터크(기계 터키인이라는 뜻―옮긴이)는 18세기 헝가리의 발명가 요한 볼프강 리터 폰 켐펠렌Johann Wolfgang Ritter von Kempelen이 만든 장치로, 외형은 체스 로봇이었지만 실체는 달랐다. 이국적 복장의 꼭두각시 형태를 한 이 기계 터키인은 사실 그 안에 인간 체스 고수를 숨겨두고 있었다. 흥행사 요한 멜첼Johann Maelzel이 미국 곳곳을 순회하며 이 장치를 전시했을 때 그 실물을 보고 현혹되지 않은 사람이 있었으니, 바로 시인 에드거 앨런 포Edgar Allan Poe였다.

포는 이것이 사기극임을 확신하며 '멜첼의 체스 플레이어'라는 폭로성 기사를 썼다. 여기서 그는 미리 정해진 원리를 따르는 기계가 즉흥적인 인간의 정신을 이길 수는 없다면서 "체스에서는 어떤 수 뒤에 반드시 어떤 수가 이어진다는 보장이 없다. 게임의 어느 시점에서 어디에 어떤 말을 배치했다고 해서 다른 시점의 배치를 예측할 수는 없다"라고 지적했다.[1]

지금은 기계학습의 시대가 도래해 컴퓨터가 그런 예측을 할 수 있게 됐으니, 설마 누가 그처럼 얄팍한 속임수를 쓰겠냐고 생각할지도 모르겠다. 이제는 체스로도 컴퓨터를 당해낼 재간이 없는 세상이다. 하지만 우리 눈에는 단순해 보이는데 여전히 기계가 인간을 뛰어넘지 못하는 작업이 많이 있다. 멜첼 못지않은 야바위꾼인 제프 베조스도 바로 그런 작업을 처리하기 위해 켐펠렌의 기계와 똑같은 이름을 쓰는 사이트를 만들었다. 이 사이트는 18세기의 기계를 포스트모더니즘적으로 재해석해 인간을 컴퓨터로 위장함으로써 귀가 얇은 혹은 냉소적인 스타트업과 대기업의 관계자들, 대학의 연구자들을 꼬드기고 있다.

원래 메커니컬터크는 닷컴 버블이 최고조에 이르던 2001년에 아마존 내부의 프로그래머들을 위한 서비스로 출범했다. 그때는 AI가 지금처럼 수익성 좋은 시장이 되기 훨씬 전이었다. 아마존이 이 사이트를 만든 목적은 알고리즘이 수많은 중복 상품을 식별하지 못하는 문제를 해결하기 위해서였다. 그런 작업은 노동자에게 맡길 때 더 효율적이라고 판단한 아마존은 '기계-인간 혼합 연산 체계', 곧 메커니컬터크의 특허를 획득했다. 아마존 프로그래머들은 메커니컬터크의 '애플리케이션 프로그래밍 인터페이스API'를 이용해 컴퓨터에게는 너무 복잡한 작업들을 자동으로 노동자에게 외주화하는 소프트웨어를 개발해냈다.

아직 태동기에 있던 플랫폼 경제에서 저렴한 노동력에 대한 수요가 증가 중인 것을 감지하고 아마존은 2005년 메커니컬터크를 대외용 서비스로 전환했다. "인간지능 작업HIT"을 등록한 의뢰인과 불안정한 노동자를 연결해주는 이 사이트의 기능이 지금은 우리에게 퍽 익숙하지만 당시만 해도 새로운 시도로서 여러 후발 주자를 탄생시켰다. 지난 10년간 인공지능이 폭발적으로 성장하면서 이제는 애픈, 플레이먼트, 클릭워커도 전 세계적으로 수백만 명의 노동자가 이용하고 있다.

이들의 규모는 초단기 데이터 작업을 전자동으로 처리하는 기술이 등장할 때까지 꾸준히 늘어날 것이다. 하지만 구체적으로 얼마나 증가할지는 여전히 예측하기가 어려운데, 그 까닭은 AI의 향후 성장세를 예측하기가 쉽지 않기 때문이다. 보수적 예측치에 따르면 2018년 약 100억 달러였던 전 세계 AI 시장의 규모가 2022년에는 1260억 달러로 확대될 전망이다.[2]

1장에서 서비스업의 확장에 관해 살펴봤는데, AI의 성장 역시 자본주의 시스템이 왜곡된 방식으로 쇠퇴에 적응한 결과다. 다시 말해 경제에 새로운 성장 동력을 공급하기 위해 과거에는 경제적 부산물로 여겨온 것을 활용하는 것이다. 예전에는 의도치 않은 외부 효과로 취급되던 데이터의 상품화가 이제는 세계 최대 기업들의 핵심 사업전략이 됐다. 그 대열에는 구글, 아마존, 알리바바, 페이스북 같은 거대 IT 플랫폼뿐만 아니라 다수의 은행과 대형 마트도 포함된다. 그간 데이터를 추출, 처리, 분석하기 위한 인프라가 대대적으로 확충되면서 데이터 기술과 연산 능력이 기하급수적으로 발전했기 때문이다.[3] 여기에 화수분 같은 벤처캐피털 투자금, 복잡한 알고리즘, 무어의 법칙Moore's law(반도체 성능이 2년마다 두 배씩 증가해 장기적으로 컴퓨터의 성능이 폭발적으로 발전한다는 법칙―옮긴이), "빅데이터"가 서로 맞물려 기계학습이 급속도로 발전하면서 자율주행차, 클라우드 컴퓨팅, 스마트 비서, 광고 전략 등 다방면에서 혁신이 일어났고, 영상 콘텐츠를 필터링하고 추천하는 기술도 크게 성장했다.

흔히 "AI"와 "기계학습"을 혼용하지만 엄밀히 말해 기계학습은 AI 개발의 한 갈래다. 기계학습의 골자는 대규모 데이터세트data set를 이용해 예측 모델을 학습시키는 것이다. 이때 필수로 포함되는 것이 데이터를 분석해서 패턴을 파악하고 예측치를 만드는 알고리즘이고, 그런 예측치를 이용해 기존의 알고리즘이 새로운 알고리즘을 탄생시킨다. 알고리즘은 규칙을 배우고 만들면서 표면적으로 인간지능과 유사한 형태로 발전한다.

이 방면으로 지금까지 나온 기술 중에서 가장 복잡하고 폭넓게 사용되는 기술이 우리 뇌의 신경세포 연결망을 근접하게 모방한 인공신경망artificial neural network이다. 인공신경망은 '훈련' 과정을 통해 고양이 사진이나 멜로디의 일부분같이 특정한 데이터 개체의 사례에 반복적으로 노출된다. 그와 함께 인공신경망 내의 다양한 층이 알고리즘에 의해 가중치를 부여받고 상호작용을 함으로써 종국에는 인공신경망이 해당 개체를 인식할 수 있게 된다. 그리고 여기서 생성되는 새로운 데이터가 다시 자동으로 인공신경망에 입력되어 더 복잡한 알고리즘이 탄생한다.

이런 유형의 기술은 데이터에 많이 노출될수록 훈련의 폭이 넓어져서 더 복잡한 능력을 발휘하고, 따라서 이미지 분류, 텍스트 분류, 음성 인식 등 각종 작업을 더욱 잘 수행하게 만든다. 그 결과로 많은 분야에서 기계가 인간에 필적하거나 인간을 능가하는 솜씨를 발휘한다. 예를 들어 딥러닝 알고리즘은 문장을 번역할 때 문맥과 어감에 대해 인간 번역가보다 우월한 이해도를 보이곤 한다. AI 의료 진단기는 몇몇 암에 대해서는 이미 인간 의사와 동일하거나 그 이상의 수준으로 진단 능력이 발전했고, 음성 인식 기술은 20년 후 콜센터와 패스트푸드점 노동자를 상당수 대체할 전망이다.[4]

이런 기술이 급속도로 발전하자 일각에서는 2030년까지 서비스업을 중심으로 전 세계 노동의 절반가량이 자동화될 위기에 직면했다는 우려의 목소리도 나온다.[5] 그동안은 서비스업이 제조업에서 밀려난 노동력을 모두 흡수했지만, 이는 서비스업을 대신할 업종이 아직 출현하지 않았기 때문이고, 따라서 만일 대대적인 자동화가 실현된다면 인구의 상당수가 오갈 데 없는 신세로 전락할 것이라는 논리다.[6]

자동화가 초래할 재앙에 대해 우려하는 사람들은 주로 이미 상용화된 혁신의 사례를 근거로 든다. 예컨대 콜센터에 전화를 걸면 익숙하게 들을 수 있는 "통화 내용은 교육 목적으로 녹음될 수 있습니다"라는 메시지는 이제 통화 내용이 기계학습을 위한 목적으로 녹음될 수 있다는 의미를 내포하고 있다.[7] 맥도날드는 드라이브스루 창구에서 인간의 음성을 자동화된 챗봇의 음성으로 대체하기 위해 2019년 음성 인식 AI 스타트업 어프렌트Apprente를 인수했다.

영국, 미국, 스웨덴을 포함해 많은 나라에서도 소매업종의 무인 매장이 증가하는 추세다. "그냥 나가면 쇼핑 끝"을 표방하는 아마존 고Amazon Go 매장은 자동 스캔, 모바일 앱, 안면인식을 기반으로 고객의 얼굴과 장바구니 속 품목을 연계해서 결제를 처리한다. 자율주행차가 택시 기사에게 초래하는 위협은 최근 몇 년 사이에 심각한 갈등의 뇌관으로 부상했다. 런던, 싱가포르, 뉴욕에서 자율주행 택시의 테스트 성공 소식이 전해지고 있는 와중에 택시 외에도 많은 업종으로 자율주행차가 침투했다.[8] 현재 무인화된 하역 운반 기계, 운송 트럭, 농기계, 배달 로봇이 병원, 공장, 농장, 광산 등 다양한 환경에서 폭넓게 사용되고 있다.

금융 같은 '고숙련' 서비스업에서도 이미 1980년대 초부터 적극적으로 자동화가 시작되어 2008년 금융 위기 이후 더욱 가속화됐다. 2000년에 투자은행 골드만삭스에 소속된 주식 트레이더는 600명이었으나, AI 트레이딩 알고리즘이

차츰 인간을 대체하며 2016년에는 트레이더가 단 2명에 불과했다.[9]

하지만 앞으로 이런 기술이 훨씬 광범위하게 배치될 것이라는 암울한 전망을 말하는 사람들은 어떤 기술이 보편화되려면 노동자보다 저렴한 비용으로 이용할 수 있어야 한다는 사실을 간과하고 있다. 이렇게 말하면 혹자는 지난 40년간 노동자에게 부실한 보호막이나마 제공했던 저임금 노동이 현재의 거센 조류를 막기에는 역부족이라고 반박할 것이다. 물론 기후 재난과 팬데믹의 위험성이 날로 커지는 현실에서 조만간 로봇보다 노동자가 기업에 더 큰 비용을 초래할 가능성도 존재한다.

코로나 팬데믹 시국에 전 세계 수많은 노동자가 봉쇄령이나 감염에 의해 장·단기적으로 출근하지 못하는 상황이 되자 자본 입장에서는 인간의 노동력이 얼마나 불안정한 수익 창출 수단인지가 여실히 드러났다.[10] 코로나 사태는 인수공통감염병 시대의 서막에 불과하다고 걱정하는 기업인도 많다. 그 와중에 어떤 이들은 인수공통감염병의 창궐을 막는 자연적 보호막에 다시금 큰 균열이 생김에 따라 자본이 봉착한 모순을 해결하려면 경제활동의 주체를 노동자에서 기계로 전환하는 데 더욱 박차를 가해야 한다고 신이라도 난듯이 목소리를 높이고 있다. 일례로 스티어테크Steer Tech의 CEO 아누자 소날커Anuja Sonalker는 "인간은 생물학적 위험에 취약하지만 기계는 아니다"라고 말했다.[11]

자연재해에 의해서든 파괴적 혁신에 의해서든 기계가 노동자에게 궤멸에 가까운 타격을 입힐 것이라는 우려는 십중팔구 막연한 추측에 불과하다. 그래서 그런 견해를 과도하게 종말론적인 해석이라고 비판하는 사람도 많다. 〈자동화라는 기만술The Automation Charade〉이란 글에서 애스트라 테일러Astra Taylor는 "자동화라는 이념을, 그리고 그에 수반되는 인간의 무용화에 대한 미신을 좌시하지 말 것"을 당부한다.[12] 우리는 메커니컬터크 노동자의 존재로 증명되는 자동화에 대한 환상, 곧 "사이비 자동화"를 경계해야 한다.[13] 아론 베나나브는 조심스러운 어조로 그간 로봇공학과 인공지능이 발전한 것은 사실이지만 자동화의 예언자들이 말하는 "일자리 초토화"를 초래할 수준에 이르지는 못했다고 말한다.[14]

자동화를 둘러싼 논쟁은 역사적 맥락을 고려한 자동화의 정의를 찾기가 어렵다는 점에서 기인하는 측면이 있다. 베나나브는 소설가 커트 보네거트Kurt Vonnegut의 문장을 인용해 "진정한 자동화는 어떤 '직종이 완전히 사라져버렸을' 때 발생한다"고 했다.[15] 이처럼 다소 간소화된 해석이 자동화에 대한 일반적인 설명이다.

그런데 오늘날 자동화는 어떤 직종을 완전히 소멸시키는 데까지는 그 영향을 미치지 못한다. 그 직종에서 수행되는 작업의 구성을 변화시킴으로써 결과적으로 업무의 전반적인 질을 변화시킬 뿐이다. 대부분의 직업에는 정도의 차이만 있을 뿐 자동화의 영향을 받는 작업이 다수 존재한다. 자동화로 사라지는 것은 어떤 직종 자체가 아닌, 그것을 구성하는 작업 중 일부일 뿐이다. 따라서 일반적으로 AI가 만드는 것은 완전히 자동화된 시스템이 아니라, 어떤 직업을 부분적으로 자동화하고 특정한 작업을 불특정 다수에게 외주화하는 시스템이다.

메커니컬터크의 사례에서 유추할 수 있듯이 일부 서비스업종의 자동화는 완전한 기계화가 아니라 기계와 인간의 병존으로 이어질 공산이 크다. 역사적으로 자동화가 어렵다고 판명된 직업군에서 기계학습이 목표로 하는 것은 특정 작업과 관리 기능을 부분적으로 자동화하고 고도의 분업과 적시 외주화를 가능케 함으로써 쥐꼬리만큼이라도 생산성을 향상시키는 것이다. 그래서 어떤 작업은 자동화하고, 또 어떤 작업은 과거의 지역적 한계에서 벗어나 전 세계를 무대로 하는 노동 차익거래의 대상으로 두는 것이다.

그 결과 예전에는 적절한 임금이 지급됐던 일이 지금은 프롤레타리아화될 뿐만 아니라 자연스럽게 비공식화되고 여러 건의 작업으로 쪼개져서 건별로 형편없는 임금이 지급되는 불안정한 형태로 변질되고 있다. 심지어 임금과 권리의 기본 요건을 정해놓은 제도의 간섭도 받지 않는다. 이렇게 규제를 회피함으로써 미세노동 사이트들은 노동자와 고용주, 사업장을 두르고 있는 법의 끈을 풀어버린다. 이에 대해 제이미 우드코크Jamie Woodcock와 마크 그레이엄Mark Graham은 "뉴욕의 작은 회사가 오늘은 나이로비에서 프리랜서 녹취록 작성자를 고용하고 내일은 뉴델리에서 또 다른 프리랜서를 고용할 수 있다. 이때는 사무실이나 공장을 차릴 필요가 없고, 현지 규정에 간섭받지 않으며, 웬만해서는 현지에 세금도 내지 않는다"라고 썼다.[16]

또 한 가지 분명한 사실은 미세노동 사이트를 통해 저숙련 서비스 노동과 자동화 시스템이 더욱 긴밀히 공조하게 된다는 점이다. 미세노동자는 AI를 가르치고, 조정하고, 교정하면서 자연스럽게 AI에게 노동자의 역할을 대신 수행하는 방법을 학습시킨다. 물론 그런 식으로 발전한 기술이 모두 자본주의 경제의 기본적인 요소로 편입되리라는 보장은 없지만 어쨌든 미세노동 사이트를 통해 노동자는 AI의 파트너와 같은 역할을 한다. 자율주행차가 사고를 피하고, 챗봇이 어감을 이해하고, 자동 트레이더가 합리적인 선에서 위험을 감수하려면 우선 정돈되고 주석화된 데이터를 통해 기계학습이 이루어져야 하고, 이후로도 꾸준히 인간 노동자의 감독을 받아야 한다. 만일 정제되지 않은 데이터를 사용하면 프로그래머의 의도와 동떨어진 방향으로 알고리즘이 훈련될 가능성이 있기 때문이다.

예를 들어 챗봇은 일반적으로 한정되고 주석화된 데이터를 통해 특정한 단어와 문법을 인식하는 훈련을 받는데, 반대로 무한정으로 데이터에 노출되면 괴상한 행동을 보이기 쉽다. 알고리즘이 특정한 단어를 인식하려면 관련된 음성이나 텍스트에, 많으면 수천, 수만 번에 이를 만큼 반복적으로 노출돼야 한다. 상업적으로 사용되는 챗봇의 경우에는 이런 데이터가 '애픈' 같은 미세노동 사이트를 통해 공급된다. 노동자가 봇에게 정확한 텍스트를 입력하거나 직접 특정한 단어나 문장을 녹음하는 식이다.[17] 하지만 챗봇이 미가공 데이터에 과도하게 노출되면 비슷한 상황에서 대부분의 알고리즘이 그렇듯이 극단적인 콘텐츠로 치우치게 된다.

마이크로소프트는 "장난스러운" 챗봇 테이Tay가 트위터 콘텐츠를 통해 아무 제약 없이 텍스트를 학습할 수 있게 했다. 그러자 24시간 후 테이가 도널드 트럼프의 트윗과 소름 끼칠 만큼 유사한 트윗을 올렸다. "@godblessameriga 우리는 장벽을 세울 것이고 그 비용은 멕시코가 부담할 것입니다."[18] 이처럼 알고리즘은 애픈이나 메커니컬터크의 노동자 군단이 정제한 데이터로 인간의 감독하에 훈련되지 않으면 파시스트의 발언을 따라 하는 것처럼 예상치 못한 행동을 저지르기도 한다.

데이터가 정돈되고 주석화된 이후에도 알고리즘을 훈련시키고 조정하고 교정하기 위해서는 인간의 손길이 계속 필요하다. 예를 들어 트위터는 실시간 인기 검색어를 파악하고 자사의 콘텐츠를 분석해 검색 결과에 즉각 반영하기 위해 메커니컬터크 노동자를 대거 이용한다.

2012년 미국 대선 후보 토론회에서 밋 롬니Mitt Romney가 "빅버드"를 언급한 후 빅버드의 검색어 순위가 급등하자 메커니컬터크 노동자들은 어떤 사용자가 "세서미 스트리트Sesame Street"와 연관된 트윗을 검색하고 있는지 속히 확인해 달라는 의뢰를 받았다(빅버드는 미국의 어린이 방송 프로그램 〈세서미 스트리트〉에 등장하는 캐릭터다—옮긴이).[19] 이런 상황에서는 노동자에게 빠른 판단을 맡기는 것이 알고리즘의 값비싼 실수를 방지할 수 있다. 알고리즘이 잘못된 판단을 내리면 트위터가 유용한 데이터를 추출해서 사용자의 기호를 예측하는 능력이 모자란 사이트로 전락할 수도 있기 때문이다. 반면 노동자가 개입하면 그 판단 결과는 다시 알고리즘을 훈련시키기 위한 데이터로 활용돼 다음번에 비슷한 작업을 더욱 원활히 수행하게 만든다.

이것은 온라인에만 국한된 이야기가 아니라 오프라인에서도 마찬가지다. UC버클리 캠퍼스에서 운용 중인 음식 배달 로봇은 멀리 콜롬비아에 있는 노동자들이 부분적으로 조종한다. 그들은 로봇이 실수를 저질렀을 때 로봇을 조종하면서 시간당 2달러를 받는다.[20] 서비스 자동화에 이처럼 지속적으로 인간의 감독과 교정이 필요하다면 이제 질문의 초점은 절대적 과잉이 아닌 상대적 과잉으로 옮겨간다. 노동자는 그 과정에 어느 정도로 개입해 있고, 그런 일을 통해 어느 정도로 생계를 감당할 수 있는가?

이처럼 미세노동은 AI가 노동을 완전히 자동화하기보다는 비공식화하고 있는 현실을 단적으로 보여주는 사례다. 다시 말해 미세노동은 앞으로 더욱더 많은 노동자가 기계에 의해 소멸되진 않더라도 소멸 직전까지 착취당하는 미래를 엿볼 수 있게 해주는 징조다.

종합형 데이터 노동에서
특수형 데이터 노동으로

노동이 완전히 사라지진 않겠지만 점점 더 많은 사람이 빈곤에 가까운 임금을 지급하는 작업들에 의해 서서히 죽어갈 것이다. 간신히 입에 풀칠만 할 수 있는 수준의 노동이 온라인에서 점점 늘어나고 있는 현상은 플랫폼 자본주의만의 특징이다. 하지만 데이터 노동이 소규모 작업으로 분화되는 현상 자체는 전혀 새로운 것이 아니다. 릴리 이라니는 이렇게 썼다.

> (메커니컬터크) 같은 노동의 선례를 보여주는 것이 1985년 도노반 대 다이얼아메리카Donovan vs DialAmerica 소송전이다. 이 사건에서 고용주는 독립계약자로 고용된 재택 노동자들에게 사람들의 이름이 적힌 카드를 보냈다. 그러면 노동자들은 각 사람의 전화번호가 바르게 기재됐는지 확인하고 건별로 보수를 받았다.[21]

이 노동자들은 결국 공정근로기준법Fair Labor Standards Act에 의거해 최저 임금이 보장되는 종업원으로서 지위를 인정받았다. 하지만 오늘날 건별로 보수를 받는 디지털 노동자들에게는 그런 운이 따르지 않는다. 그리고 당시에는 그와 같은 재택 데이터 노동이 흔치 않았지만 지금은 온라인 미세노동이 대형 산업으로 발전해 그 안에서 날로 경쟁이 격화되고 있다. 스케일, 하이브, 애픈, 라이언스브리지Lionsbridge 같은 사이트를 IT 대기업뿐만 아니라 은행과 대형 마트까지 이용하고 있다.

이 산업은 크게 두 유형으로 나눌 수 있다. 특수형 크라우드 사이트와 종합형 크라우드 사이트다. 후자의 대표 주자인 메커니컬터크는 모든 노동자와 의뢰인에게 열려 있고, 다양한 종류의 온라인 노동을 취급하며, 대체로 생활임금 이하의 임금을 지급한다.[22] 대개 인간지능 작업은 설문조사, 단문 번역, 이미지 및 오디오 분류, 알고리즘의 판단에 대한 승인 등 온갖 작업을 망라하기 때문에 건별로 임금이 지급되는 온라인 노동 중에서도 특히 더 잡다하다고 할 수 있다. 그 보수는 일반적으로 건당 1달러가 채 안 되고 그마저도 메커니컬터크 측에서 수수료로 20퍼센트를 가져간다. 그런 면에서 이제는 노동자를 소모품 취급하는 것을 더 이상 숨기지도 않는, 이른바 시스템의 뻔뻔함을 보여준다고 할 수 있다. 메커니컬터크 외에도 종합형 사이트로는 130여 개국에서 200만

명 이상의 노동자가 이용하는 독일의 클릭워커, 중국의 초대형 크라우드 사이트 주바지에, 이 두 사이트보다는 아직 인지도가 떨어지는 마이크로워커스Microworkers가 있다.

이와 달리 특수형 크라우드 사이트는 더 엄격하게 노동자를 선별해서 전문성 있는 서비스를 제공한다.[23] 특정한 유형의 고객에게 맞춰진 기계학습 서비스로, 보통은 고객과 장기간 관계가 유지된다. 예를 들어 스케일은 물류창고 자동화용 데이터를 처리하는 노동자를 공급한다. 라이언스브리지는 자동 음성 인식, 감정 분석, 챗봇 훈련 등 자연어 처리에 요구되는 다양한 작업을 지원한다. 세계 최대의 특수형 사이트인 애픈은 금융, 소매, 의료, 자동차 산업의 기계학습을 지원하는 한편으로 아마존 웹 서비스, 마이크로소프트, 구글 클라우드의 파트너로서 각종 프로젝트에 관여하고 있다. 미세노동 사이트 전체로 보면 최대 규모라 할 순 없지만 애픈은 현재 주식시장에 상장된 몇 안 되는 미세노동 사이트 중 하나이고, 다국적 기업이라는 이점을 이용해 날로 영향력을 키우면서 리프포스Leapforce, 피겨에이트Figure Eight 등 더 작은 규모의 스타트업을 인수하고 있다.[24]

기계학습 훈련 작업 중에서도 일부 특수한 작업만 대상으로 하는 이런 사이트에서는 노동자에게 일감을 제공할 때

보통 유사한 작업들을 하나의 패키지로 묶어서 전달한다. 그래서 한번 일감을 받으면 한 시간씩 일하거나 하루 종일 일할 때도 있고, 대체로 종합형 사이트보다 임금도 조금 더 높게 책정된다. 예컨대 안면인식 기술 훈련용 작업 패키지를 받았다면 그 안에는 특정한 자세를 취한 사람의 얼굴, 화장을 하거나 마스크를 쓴 얼굴, 조도가 낮아 어둠 속에 가려진 얼굴, 멀리서 찍은 얼굴, 다양한 감정을 표현하는 얼굴 등의 데이터가 포함되어 있을 것이다.

특수형 사이트에서는 주로 특별한 기술이나 전문성이 요구되는 작업을 중개하기 때문에 보통은 언어 능력, IT 활용 능력, 문화 이해력에 대한 심사를 통과한 사람만 일감을 받을 수 있다. 일례로 라이언스브리지는 번역가를 비롯해 언어 전문가 50만 명을 확보하고 있다고 홍보한다.[25] 이렇게 한때는 고임금을 받던 고급 노동이 "비숙련" 노동으로 재포장되는 것은 특수형과 종합형을 막론하고 모든 미세노동 사이트에서 동일하게 일어나는 현상이다. 여기서 우리는 전문직을 프롤레타리아트로 만들며 직업을 분쇄하는 자본의 폭력을 여실히 볼 수 있다.

초대형 IT 기업들은 자체적으로 미세노동 플랫폼도 보유하고 있다. 이 플랫폼들은 다시 종합형 혹은 특수형 사이트를 통해 노동자를 확보하는 것이 일반적이다. 마이크로소프트의 사내 플랫폼 UHRSUniversal Human Relevance System(보편적 인간 관련성 시스템)는 애쁜과 라이언스브리지 같은 외부 사이트에 맡기기 힘든 시급한 작업을 수행하기 위해 제작됐다. 우버도 비슷한 목적으로 마이티AIMighty AI를 인수해 현재 기사들로부터 확보한 방대한 데이터를 자율주행차 개발에 사용하고 있다.

구글은 자체 개발한 레이터허브Raterhub를 통해서 검색 결과가 사용자의 기대에 얼마나 부합하는지 평가하는 "채점자"들을 고용한다. 이들은 주로 필리핀 노동자들로, 검색 결과의 품질이 좋은지 혹시 불법적이거나 음란하거나 불쾌한 콘텐츠를 포함하고 있진 않은지 확인한다. 구글은 여기서 생성되는 데이터로 자사의 알고리즘에게 그런 작업을 자동으로 수행하는 방법을 가르친다. 하지만 채점자는 형편없는 임금을 받고 장시간 일할 뿐만 아니라 심리적으로도 위태롭다.[26] 검색 결과를 평가하거나 검열하는 과정에서 홀로코스트 날조설, 아동 포르노, 끔찍한 테러 이미지 등 정신적으로 심한 충격을 주는 콘텐츠에 노출될 수 있기 때문이다.

편리하게 "종합형"과 "특수형"으로 구별하긴 했지만 사실 미세노동 사이트들은 그 경계를 빈번히 넘나든다. 메커니컬터크에서는 연구자가 저렴한 비용으로 인터뷰 대상자를 찾거나 마케팅 회사가 설문조사 응답자를 찾는 것처럼 기초적인 작업에 많이 사용된다. 물론 아마존의 안면인식 소프트웨어나 트위터의 실시간 검색 기능을 훈련시키는 것처럼 좀 더 전문적인 목적으로 사용되기도 한다.[27] 문제는 훈련 작업을 위해서는 화이트칼라 봉급 노동자와 비슷한 수준의 문화 이해력이 요구되는데도 실제로 지급되는 임금은 그들과 비교도 안 될 정도로 박하고 그 어떤 권리나 복지도 기대할 수 없다는 점이다.

노동자들이 트위터의 알고리즘에게 빅버드와 관련된 트윗을 식별하는 법을 가르친 사례에서 볼 수 있듯이 그런 판단을 신속하고 정확하게 내리기 위해서는(트위터가 사용자의 기호를 예측하기 위해 필요한 일이다) 시대정신을 이해한다고 할 정도의 시사 지식이 필수다. 불과 20년 전만 해도 그런 문화 노동은 안정적인 임금을 받는 풀타임 노동자의 몫이었다. 그러나 지금은 대학을 졸업하고 전문직에 종사할 능력을 갖췄지만 그런 능력을 발휘할 곳을 찾지 못한 고학력 잉여 인구가 어쩔 수 없이 푼돈을 받으면서 똑같은 일을 하고 있는 실정이다.

이렇게 임금, 권리, 능력이 짓밟히는 현실이야말로 현

재 자동화가 서비스업에 실질적으로 끼치는 영향이다. 하지만 노동자가 피부로 겪는 현실은 다짜고짜 앞으로는 일자리가 전례 없는 수준으로 줄어들 것이라고 외치는 자극적인 말들에 묻혀버리기 일쑤다. 자동화 이론가들은 신중론자와 멸망론자를 막론하고 주로 대량 실업에 대한 논의에만 열을 올린다. 이 같은 일자리의 종말은 연막일 뿐이다. 실제로 우리 눈앞에서 펼쳐지고 있는 현상은 점점 더 많은 서비스직 일자리가 긱 노동, 미세노동, 크라우드 노동으로 변질되고, 자동화가 주로 노동자와 알고리즘의 협업 형태로 전개되는 것이다. 다만, 미세노동의 경우에는 그 "일자리"란 것들이 거의 다 실직과 다를 바 없다.

3장

Work without the Worker

서비스형
인간

플랫폼 자본주의는 과거의 자본 축적 체제들이
그랬듯이 전 세계를 휩쓸며 불우한 자들,
버림받은 자들, 아직 시장의 은총을 입지 못한
자들을 찾아다닌다. 다만 그렇게 포획한
노동자들을 위해 새로운 직업을 만들어냈던
과거의 축적 체제들과 달리 오늘날 플랫폼
자본주의는 시장의 낙오자들을 영구적
예비군으로 유지하면서 일감이 생길 때만 호출할
뿐이다.

미세노동의 열렬한 선전자와 조심스러운 지지자들은 임금노동의 "새로운" 형태로 미세노동을 치켜세운다. 그들은 AI가 많은 사람의 염려와 달리 일자리를 말살하는 것이 아니라 오히려 창출하는 존재가 될 수 있다고 생각한다.

이 위험한 낙관론의 대표 주자인 세계은행은 미세노동을 세계에서 가장 가난하고 소외된 사람들이 처한 비극을 해결할 묘책으로 밀고 있다. 이미 오래전부터 노동 차익거래를 옹호해왔던 만큼 세계은행은 "저렴한 인건비로 개발도상국 노동자들이 경쟁 우위를 점할 수 있다"라고 역설한다.' 너무 무덤덤해서 차라리 반어법이 아닌가 싶은 이런 발언은 국제개발에 대한 세계은행의 인식이 얼마나 처참한 수준인지 여실히 보여준다.

그들의 목표는 사마소스의 CEO였던 고故 레일라 자나의 책 제목처럼 원조가 아닌 "일을 제공하는" 것이다.[2] 〈중동과 북아프리카 청년을 위한 획기적 취업의 기회〉라는 보고서는 NGO와 정부 기관의 환심을 살 목적으로 미국의 미세노동 종사자가 연평균 4만 달러의 소득을 올린다는 믿기 어려운 주장까지 펼치고 있다.[3] 《하버드 비즈니스 리뷰》도 미세노동이 실업의 위기에 몰린 사람들에게 "생활임금"과 "직업 기술"을 제공한다는 감언을 서슴지 않는다.[4] 그러고는 일말의 모순도 느끼지 못하는지 "의뢰인이 미세노동 사이트를 이용하면 대형 영리 업체에 동일한 작업을 의뢰할 때보다 30~40퍼센트의 비용이 절감된다"라고 강변한다. 그러나 생활임금이 잘 지급될지는 모를 일이다.

이들보다 신자유주의에 대한 맹신이 덜한 국제노동기구 같은 기관도 미세노동에 대해 온건한 지지 내지는 전적으로 방관의 입장을 취하고 있다. 국제노동기구에서 대대적으로 실시한 미세노동 실태 조사 보고서를 보자면, 온라인 데이터 노동의 여건이 완벽함과는 거리가 멀다고 인정하면서도 "노동자에게 새로운 소득 창출의 기회"가 된다는 점을 애써 강조하고 있다.[5] 이는 학술 문헌에서도 쉽게 발견되는 내용이다. 메리 L. 그레이Mary L. Gray와 시다스 수리Siddharth Suri

가 함께 쓴《고스트워크Ghost Work》는 그런 노동자들이 처한 위기 상황을 대체로 정확하게 분석하고 있지만 미세노동의 선전자들이 내세우는 허상을 그대로 받아들이는 대목도 간혹 나온다. 예를 들면 실제 노동자의 경험담을 빌려, 사람들이 온라인 작업에 종사하는 이유는 기술을 습득하고 더 나은 일자리를 찾을 가능성이 있기 때문이라고 언급하는 식이다.[6] 하지만 미세노동의 현실을 더 정직하게 묘사한다면 그런 포부가 실제로 성취로 이어지고 있는 증거가 빈약하다는 사실을 강조해야 한다. 저자들이 그 증거를 거의 제시하지 못하고 있다는 점에서 미세노동은 오늘날 세계에 펼쳐진 취업의 사막에서 기회의 오아시스가 아닌 신기루일 뿐이다.

이 책의 목적을 하나만 꼽으라면 미세노동이 일자리를 얻고 기술을 습득하기 위한 새로운 창구가 아니라, 빅토리아시대(빅토리아 여왕의 치세였던 1837~1901년 — 옮긴이) 영국과 19세기 나폴리 거리에서 볼 수 있었고 현대 뭄바이 거리에서 볼 수 있는 것과 같은 충격적인 생존 투쟁의 현장을 보여주는 렌즈라는 사실을 알리는 것이다. 우리는 미세노동이 자력갱생의 수단이라는 진부하고 교조적인 말만 늘어놓는 세계은행 같은 기관의 주장에 매몰되지 않고 이렇게 물어야 한다. 미세노동 사이트에서 지급한다는 임금의 실체는 무엇인가? 미세노동을 통해 어엿한 직업을 가진 사람처럼 기술을 습득하고 혜택을 받을 수 있는가? 미세노동의 현실이 무임금 생존 투쟁의 현실과 다른 점이 있는가? 미세노동이 전통적 노동자 계층에 속한 사람들에게서 볼 수 있었던 것과 같은 연대와 조직화를 막고 있진 않은가? 이런 질문에 답할 때 우리는 저 과거와 같이 노동의 정체성이 모호하게 느껴지는 시대에 새로운 저항의 방식을 모색할 수 있다.

임금이 아닌 도박

만일 노동이 놀이가 된다면, 그래서 열심히 일하는 것이 딱히 일하는 것처럼 느껴지지 않는다면 어떨까? 실제로 이런 약속을 하는 사이트들이 있다. 플레이먼트와 클릭워커다. 이 사이트들은 세련된 청년들이 소파에서 노트북을 이용하는 사진을 걸어놓고 만일 우리의 멋진 신경제에도 여전히 노동이 존재한다면 그것은 비디오게임을 하거나 옷을 사는 것처럼 재미있는 활동일 것이라고 암시한다.

원격 근무의 꿈이 실현된 광경을 아련한 느낌으로 보정해서 사람들을 현혹하는 이런 사진은, 군색한 품팔이에 불과한 미세노동을 마치 어떤 포부를 갖고 도전해볼 만한 멋진 일처럼 그럴싸하게 포장한다. 그리고 "노동"이나 "노동자"를 운운하면 그런 명랑한 분위기를 망치기라고 하는 것처럼 오직 "이용자" "작업자" "플레이어"라는 말만 쓴다. 이제는 놀이가 곧 돈벌이라는 것이다. 여기에 "경쾌하게 게임화된 통제 시스템"이 노동 과정에 개입한다.[7] 화면에 순위를 표시하고, 비금전적 보상을 제공하고, 새로운 레벨(그 기준을 알 수 없는 메커니컬터크의 "마스터 인증"이 대표적인 예다)로 승급시키는 것이 작업을 게임화해서 노동과 놀이의 경계를 모호하게 만드는 수법이다.

하지만 임금이 "포인트"나 "보상"의 형태를 띠는 순간, 여유 있고 편하게 일하는 것이 더는 즐거운 활동이 아니라 착취로 변한다. "보상"과 같은 수사를 쓰는 데서 알 수 있듯이 미세노동의 진실은 그 작업이 도박에 가깝고, 그 임금이 계약의 조건으로 존재한다기보다는 노동자가 작업을 수락할 때 거는 판돈에 가깝다는 것이다.[8] 최저생계선 이하로라도 보수가 지급되면 다행이고(메커니컬터크에 등록된 작업 중 90퍼센트가 건당 0.10달러 이하의 보수를 지급한다) 아예 보수가 지급되지 않는 경우도 허다하다.[9]

미세노동 사이트 이용자를 대상으로 한 최대 규모의 설

문조사에서 미세노동자 중 30퍼센트가 빈번하게 보수를 받지 못하는 것으로 나타났다.[10] 클릭워커의 경우 보수가 지급되지 않는 작업이 전체 작업 중 약 15퍼센트다.[11] 다시 말해 자본이 활용하는 온라인 인프라가 무보수 노동에 적잖이 의존하고 있다는 것이다. 이는 이미 진행되고 있었던 변화의 연장선상에 있는 현상이기도 하다.

멀린다 쿠퍼Melinda Cooper에 따르면, "탈포드주의로 인해 임금이 투기적인 성격을 띠게" 되면서 "성과 지표의 달성"과 "명시되지 않은 시간 동안 무보수로 노동 대기 상태에 있는 것"이 임금을 받기 위한 전제 조건이 됐다.[12] 그래서 노동자는 점점 더 도박성이 강한 환경에서 일하게 된다. 이런 변화의 정점을 찍은 것이 미세노동이다. 노동자들은 이번에는 보수를 받을 수도 있을 것이라는 일말의 가능성에 기대를 걸고 또다시 미세노동 작업을 수락한다. 하지만 미세노동 사이트는 보상 지급 일정을 복잡하게 만들고 임금 책정에 가격 경쟁 요소를 넣음으로써 작업을 게임화하고, 잉여 인구의 불안정한 노동을 일과 놀이가 결합된 새롭고 즐거운 형태의 노동으로 미화한다.

임금이 도박의 판돈과 같아지면 노동자의 지위가 문제시된다. 자본의 영향력 아래에서는 임금과 노동이 하나로 결합되어 있다. 이것은 단순히 존재론적 문제가 아니라 심각한 정치적 문제다. 노동자와 임금의 일체성이야말로 자본을 상대로 벌이는 수많은 투쟁의 근간이 되기 때문이다. 임금이 없으면 노동자는 더 이상 노동자가 아니다. 노예 혹은 잉여일 뿐이다.

노동자와 노예 혹은 잉여는 개념적으로, 따라서 정치적으로 서로 다른 범주다. 그래서 '가사노동에 임금을 지급하라Wages For Housework' 운동은 "은밀한 생산 장소" 이면에 있는 가사노동에도 임금이 지급돼야 한다고 주장한다.[13] 실비아 페데리치Silvia Federici 역시 "가사노동의 무임금성은 '집안일은 노동이 아니다'라는 통념을 강화하는 가장 강력한 무기로 사용됐다"라고 지적한다.[14] 이와 마찬가지로 미세노동에서도 임금이 실종되는 경우가 비일비재한데, 이러한 현실이야말로 미세노동자를 노동자로 인정하지 않고, 초단기 데이터 노동을 돌봄과 가사노동과 마찬가지로 공식적으로 인정받을 만한 노동이 아니라고 보는 인식의 증거다.

물론 미세노동 사이트에서는 보수 지급을 약속한다. 하지만 의뢰인에게 전권을 부여하기 때문에 결과적으로 보수가 지급되지 않는 경우가 허다하다. 겉으로는 중립적으로 보이는 구조가 실상은 임금을 의무 사항이 아닌 선택 사항으로 만들기 위한 조직적 노력의 산물인 셈이다. 설사 임금이 지급된다고 해도 처참할 정도로 낮게 책정되기 때문에 임금이 생계 수단으로서 제구실을 하지 못한다. 미세노동 사이트 중에서 유일하게 임금이 계산된 메커니컬터크의 경우, 노동자의 시급이 2달러에도 못 미친다.[15]

미세노동 사이트는 다양한 방법으로 임금 착취를 실현하는데, 그중에서도 가장 효과적인 수법이 지급 방식으로 장난을 치는 것이다. 자율주행차와 배달 드론은 실리콘밸리가 만든 노동력 절감 장비 중에서도 눈부신 위용을 자랑하지만, 그 으리으리한 허울을 벗겨보면 19세기 경제로 역행한 흔적이 고스란히 드러난다. 완료한 작업의 건수를 기준으로 보수를 지급하는 건별 지급제는 다른 형태의 임금 지급 방식보다 착취의 가능성이 월등히 크다. 바로 이런 이유로 마르크스가 건별 지급제를 "자본주의적 생산양식에 가장 적합한 임금 지급 형태"로 규정한 사실을 결코 잊어서는 안 된다.[16]

빅토리아시대 자본주의 모델의 대표적 특징이던 건별 지급제가 20세기 범북반구에서는 합리성에 기반한 사회 변화가 진행되면서 작업이 표준화되고 시급제가 도입됨에 따라 거의 사라졌다. 하지만 비공식 노동시장이 광범위하게 퍼져 있는 범남반구에서는 건별 지급제가 여전히 가장 일반적인 지급 방식이다. 심지어 이런 비공식 노동이 인력거꾼과 폐품 수거자는 물론이고 푼돈을 받고 국내외 공급 사슬의 일원으로 열악한 공장에서 일하는 하청 노동자를 비롯해 시스템의 변방에서 근근이 생계를 이어가는 이들의 생명줄로 위장하고 있다.

미국과 유럽에서 건별 지급제가 되살아난 것은 서비스업의 생산성 문제를 해결하기 위한 잔꾀에서 비롯됐다. 요식업, 배달업, 회계업 같은 분야에서 쉽게 자동화를 구현할 방법이 존재하지 않자 딜리버루Deliveroo와 업워크Upwork 같은 사이트가 친절하게도 전문직 종사자와 불안정한 노동자 계층을 모두 아우르는 방향으로 빅토리아시대의 자본주의를 부활시켰다. 원래는 봉급제였던 다양한 직종에 건별 지급제를 도입함으로써 노동 강도를 무자비하게 높인 것이다. 메커니컬터크도 마찬가지여서 보통은 품질 기준을 엄격히 준수하기보다 무지막지한 속도를 더 중요하게 여긴다. 미세노동 사이트에 등록된 작업 중에는 이미 AI가 수행 가능하지만 속도의 측면에서 인간이 우위에 있는 작업이 많다.[17] 메커니컬터크에서 5분짜리 인간지능 작업을 수행하고 받는 보수가 겨우 20센트밖에 안 되는 경우도 있기 때문에 노동자는 순전히 하루 생계를 유지하기 위해서 신속하게 일해야만 한다.

건별로 보수가 지급되면 노동자는 아무것도 못 하고 새로운 일감을 찾기 위해 보내는 시간이 많아질 수밖에 없다. 그래서 간신히 먹고살 만큼이라도 벌려면 더 많은 시간을 소비해야 한다. 미세노동자는 시장에서 낙오된 사람들이 그렇듯이 일을 하는 시간보다 일을 찾는 시간이 더 많다. 미국 동부 애팔래치아산맥의 폐광촌 출신인 메커니컬터크 노동자가 자신의 하루를 이렇게 기술했다.

하루 12~16시간을 일하면 아마 시급 5달러 정도를 벌 것이다. 그런데 이것은 어디까지나 일이 꾸준히 있을 때의 이야기다. 다음 일이 없어서 대기하는 시간이 길어지면 일을 찾는 시간까지 더해져서 시급이 급격히 감소한다. 이제 나 같은 사람은 수두룩하게 많은데 양질의 일거리는 도리어 더 줄었다. 가끔은 좋은 일거리를 건질 수 있을까 싶어 한밤중에 일어나기도 한다. 대부분의 인간지능 작업은 바로 클릭하지 않으면 사라진다.[18]

비공식 경제의 다른 부문들과 마찬가지로 미세노동 사이트에도 "만성적 노동력 과다 현상"이 존재한다.[19] 이렇게 노동력이 과잉 공급되는데도 노동자들은 달리 취업할 방도가 없기 때문에 단돈 몇 센트나마 벌기 위해 밤낮없이 일거리를 찾아야 한다. 뭄바이나 콩고민주공화국의 킨샤사 같은 도시에는 자발적 잉여 인구가 넘쳐나지만 디지털 세상에서 잉여 인구가 넘쳐나는 것은 치밀한 계획의 산물이다. 미세노동 사이트들은 일부러 등록되는 작업 건수보다 많은 노동자를 유치해서 생산성을 높이고 임금을 인하한다. 그래서 노동자는 장시간 일하고 야간에도 일하는 악조건을 받아들일 수밖에 없다. 앞에서 인용한 사례가 이례적인 경우가 아니다. 사하라 이남 아프리카의 미세노동 실태를 광범위하게 연구한 결과에 따르면 케냐의 노동자는 보통 주 78시간을 일한다.[20]

속도가 중시되고 노동시간이 점점 길어지다 보니 작업물의 완성도는 자연스레 떨어지기 일쑤다. 하지만 어차피 인건비가 무척 저렴하기 때문에 의뢰인들은 실수를 개의치 않는다. 애초에 그들은 "완성품" 중에서 못 쓰고 버리는 것이 많을 것이라고 생각해서 비슷비슷한 작업을 다수의 노동자에게 대량으로 살포했기 때문이다. 의뢰인에게 중요한 것은 단시간에 그럭저럭 쓸 만한 결과물을 얻는 것이다.

대부분의 미세노동 사이트는 신속성을 보장하기 위해 의뢰인이 구체적인 작업 시한을 정할 수 있게 하고 노동자가 시한을 어기면 보수를 삭감한다. 리프포스(2017년에 애플에 인수)의 경우, 일반적으로 작업 시한이 30초에서 15분 사이였고 주 의뢰인은 최대 고객인 구글 레이터허브였다.[21] 그런데 이렇게 유명한 고객을 뒀음에도 리프포스의 사이트는 조악하고 수시로 느려졌다.[22] 작업에 배정된 시간보다 작업을 불러오는 시간이 더 길어지는 일이 다반사였다. 여기서 문제는 구글 같은 의뢰인이 작업의 결과물만 취하고 납품 지연을 이유로 보수를 지급하지 않아도 불법이 아니라는 사실이다.

리프포스보다 잘 만들어진 사이트라도 사정은 크게 다르지 않다. 노동자가 서버 이상, 접속 불량, 적대적 의뢰인에게 휘둘릴 가능성이 여전히 존재한다. 메커니컬터크의 경우를 보면, 작업 시한이 작업 소요 시간을 예측할 수 있는 유일한 단서지만 의뢰인이 자의적으로 시한을 정하기 때문에 비용 절감을 위해 실제로는 30분쯤 걸리는 작업을 15분 안에 끝내야 하는 1달러짜리 작업으로 등록할 수 있다. 결국 노동자는 10분쯤 작업을 진행하고 나서야 비로소 그 실체를 알게 될지도 모른다. 하지만 일단 수락한 작업을 거부하려면 보수를 포기해야 한다.

심지어는 지정된 시간 안에 끝낸 작업도 빈번히 보수가 지급되지 않는다. 의뢰인이 결과물을 "불량"이라고 판단해서 다짜고짜 거절하는 경우가 적지 않기 때문이다. M. 식스 실버먼M. Six Silberman과 릴리 이라니가 메커니컬터크의 보수 지급 방식을 조사한 후 이 같은 문제점을 지적했다.

> 사진에 태그를 지정하는 작업이 두 건 게시되어 두 명의 노동자에게 배정된다고 하자. 만일 이 노동자들이 동일한 결과물을 제출한다면 의뢰인의 소프트웨어는 두 명 모두에게 보수를 지급할 것이다. 만일 이들의 결과물이 서로 다르다면 소프트웨어는 다시 작업을 게시할 수 있다. (중략) 이 과정에서 "과반수"의 노동자는 보수를 받고 "반대자"는 틀린 것으로 간주되어 보수를 못 받는다.[23]

이 시나리오에 따르면 전체 3명 가운데 1명은 보수를 못 받는다. 하지만 그 규모가 훨씬 커져서 100명의 노동자가 똑같은 작업을 수행한다면, 예를 들어 60명은 보수를 받고 40명은 못 받는 사태가 벌어질 수 있다. 의뢰인이 실제로는 기준이 그리 까다롭지 않음에도 얼마든지 결과물의 품질을 문제 삼아 보수를 지급하지 않을 수 있다는 점에서 이런 방식은 유급 노동과 무급 노동, 상품화와 탈상품화의 경계를 허물어버린다.

요컨대 빅토리아시대보다 훨씬 악랄한 착취 체계가 디지털 기술을 발판 삼아 맹렬히 확산 중이다. 불투명한 소프트웨어들에 의해 이제는 단순히 착취되는 임금의 액수가 달라지는 수준을 넘어 아예 착취의 성격이 달라지고 있다. 뻔뻔한 강도짓을 허용하는 시스템 덕분에 임금이 고용주의 재량에 따라 지급되는 보상이라는 말도 안 되는 형태로 변질되고 있는 것이다.

19세기 섬유공장에서는 임금을 지급하는 주체, 시기, 장소가 일정했기 때문에 노동자가 최소한 착취자가 누구인지는 알 수 있었다. 이는 파업이나 소송에 돌입하기 위해 반드시 알아야 하는 중요한 절차이기도 하다. 지금도 일반적인 노동자의 경우에는 단일한 고용주, 주로 익숙한 고용주에 의해 임금이 지급된다. 이 경우 노동자가 비교적 쉽게 투쟁의 대상을 지목할 수 있다. 예를 들어 1934년 미국 섬유 노동자들은 건별로 지급되는 임금이 삭감되자 총파업으로 맞섰다.[24] 그런데 미세노동 사이트에는 작업장이 존재하지 않는다. "고용주"는 하루에 수십 번씩 바뀌고 불투명한 인터페이스 뒤에 숨어서 철저히 익명으로 남기 때문에 노동자는 자신이 누구를 위해 일하는지조차 알 수 없다.

미세노동 사이트가 애초 이런 식으로 임금 계약 위반을

부추기도록 만들지 않았다면 적어도 "악질" 의뢰인이 임금 지급을 거부하지는 못했을 것이다. 하지만 미세노동 사이트들은 중개인이라는 지위를 지키기 위해 "중립성"을 가장하며 노동자와 의뢰인 간의 분쟁에 개입하지 않는다. 이 대목에서 자유시장주의에 내재한 편파적 중립성이 불합리한 편견으로 치닫는다. 미세노동 사이트들이 내세우는 중립성하에서 의뢰인은 쓸모없는 작업물에 보수를 지급하지 않고도 그에 대한 지식 재산권을 독점하는 것은 물론이고, 익명성의 그늘 속에 숨거나 언제든 그 사이트를 떠날 수 있다. 반면 노동자는 세세한 정보가 고스란히 공개되며 지급 유예 기간 동안 발이 묶이게 된다. 예컨대 애픈과 라이언스브리지 같은 특수형 크라우드 사이트는 주로 장기 고객을 유치하지만, 이 고객들에게는 해당 사이트를 장기적으로 이용해야 할 의무가 없다. 그래서 보수를 지급하지 않고 훌쩍 떠나버릴 수 있다. 그러나 노동자는 보수가 들어올 때까지 기다려야 한다. 경우에 따라서는 가입 후 30일이 경과하거나 지급 예정액이 일정한 액수에 도달해야만 비로소 보수가 지급되기도 한다.[25]

그 결과 노동자가 인출할 기회를 얻기도 전에 임금이 사라져버리는 사태가 빈번히 발생한다. 예를 들어 노동자가 항의하거나 규정 위반으로 간주되는 행위를 하면 계정이 삭제되는 가혹한 처분이 내려진다. 계정 삭제는 대개 사전 고지 없이 행해지고, 그에 따라 지급 유예 기간 동안 적립된 임금은 모두 소멸될 수 있다.[26] 그런데 이 같은 강제 탈퇴는 악의 없는 행동의 결과인 경우가 비일비재하다. 이를테면 소프트웨어의 결함 때문이거나 주소나 계좌 정보를 변경하는 것처럼 사이트 측의 표현에 따르면 노동자의 "귀책사유" 때문에 계정이 삭제된다. 불법의 소지가 다분한 행태다.[27]

자본주의 사회를 살아가는 대다수의 사람은 임금 노동이 강요하는 규율에 점차 적응할 수밖에 없고, 이는 벌이가 좋은 일자리가 사라지고 있는 현재도 마찬가지다. E. P. 톰슨 E. P. Thompson은 "분업, 관리 감독, 벌금, 종소리와 시계, 상여금, 설교와 훈련, 축제와 스포츠 금지 같은 수단을 통해 새로운 노동 습관이 형성됐다"라고 썼다.[28] 이렇게 노동자를 고분고분하게 만들기 위한 수법에 이제는 계정 삭제와 공개 점수 시스템도 추가해야 할 것 같다. 사실상 "고용주"가 예고도 없이 노동자를 해고하는 것이 가능한 미세노동 사이트들은 알고리즘에 의한 의사결정을 운운하며 내세우는 객관성이라는 허울을 벗고 나면 빅토리아시대의 노동 현장과 하등 다를 바가 없다.

점수 시스템은 객관성을 가장하며 의뢰인이 노동자의

능력을 수치로 평가할 수 있게 한다. 하지만 이 또한 계정 삭제 조치만큼이나 편파적이다. 사이트마다 세부적인 운용 방식이 다르다 해도 기본적으로 각 노동자가 이전에 의뢰인들에게 받았던 평가치의 총합을 공개함으로써 잠재적 의뢰인이 노동자의 능력을 가늠할 수 있게 하는 구조이기 때문이다. 물론 이 시스템하에서 "마스터"라는 아찔한 경지에 올라 벌이가 더 좋은 일을 받는 노동자도 극히 드물지만 존재하긴 한다. 그러나 대부분의 노동자는 자신의 평가치가 내리막길을 굴러가는 것을 속절없이 보고만 있어야 한다. 이처럼 점수 시스템은 폭군처럼 노동자 위에 군림하고, 대개는 점수에 따라 다시 일을 받을 수 있느냐 없느냐가 갈린다. 마이크로워커스에서는 작업물 승인률("단기 성공률")이 75퍼센트 미만이면 최장 30일간 일감을 받을 수 없다.[29] 이로 미루어 짐작할 수 있듯이 유독 까다롭거나 적대적인 의뢰인에게 걸리면 노동자는 신뢰도가 급락해서 다음 일을 맡을 가능성이 크게 줄어든다.

　　요컨대 미세노동 사이트는 구글과 마이크로소프트 같은 기업에 익명성과 유동성이라는 가공할 힘을 부여하고 불합리한 작업 시한을 지키지 못한 작업물에 보수를 지급하지 않는 것을 허용하는 반면, 노동자에 대해서는 운신의 폭을 제한하고 그들의 정보를 투명하게 공개하며 여러 수단으로 저항을 봉쇄한다. 그리하여 가뜩이나 부실한 임금 계약을 거의 폐기 수준으로 허물어버린다.

이런 은밀한 전술 외에 노골적으로 임금의 가치를 떨어뜨리는 수법도 존재한다. 예를 들어 임금을 비현금성 "보상"으로만 지급하는 경우다. 피코워커스Picoworkers는 임금을 아마존 상품권과 암호화폐로, 스웨그벅스Swagbucks는 월마트와 스타벅스 쿠폰으로 지급하며, 인스타GCInstaGC는 노동자가 유명 브랜드의 상품권 중에서 선택하게끔 한다. 크라우드플라워Crowdflower의 설립자는 어느 인터뷰에서 이회사가 "노동자에게 다양한 온라인 멤버십 마일리지와 비디오게임 화폐의 형태로 임금을 지급한다"라고 태연하게 말하기도 했다.[30]

쿠폰과 상품권도 엄밀히 말하자면 상품에 속하지만(그래서 임금의 완전한 탈상품화는 아니다) 돈으로 보기는 어렵다. 임금이 일반적으로 금전의 형태로 지급되는 데는 다 그럴 만한이유가 있다. 돈은 자본주의의 표준적 가치 평가 수단으로서모든 상품과 교환이 가능하다. 아마존이 "세상의 모든 것을 파는 상점"으로서 돈과 같은 보편성을 가졌다고 주장할지 모르나 아마존 상품권이 달러만큼 보편적인 교환 수단은 아니다.[31] 쿠폰은 교환 대상이 특정 회사에서 판매하는 상품과 서비스로 제한되기 때문에 노동자가 매일의 필요를 충족하기 위해 선택할 수 있는 수단이 줄어든다. 매일 스타벅스 커피만 마시고 살 수는 없지 않은가.

이와 관련해 가장 흥미로운 사례는 사용자 수로 보나 서비스 지역의 수로 보나 최대 규모를 자랑하는 메커니컬터크일 것이다. 메커니컬터크를 이용하는 전 세계 노동자 중에서 은행 계좌로 보수를 송금받는 사람은 일부에 불과하다. 대다수의 노동자는 아마존의 표현을 그대로 옮기자면 "상품권을 활용해 보상을 취득해야" 한다.³² 하지만 그 실상을 들여다보면 다분히 인종차별적이다.

대부분의 유럽 국가로는 송금이 가능한 반면 보츠와나, 카타르, 남아프리카 등 범남반구에서는 상품권이 유일한 임금 지급 방식이다. 범남반구에서 메커니컬터크는 기업 도시(특정 기업이 대다수의 상점과 주택을 소유하고, 주로 그 기업의 직원과 가족으로 주민들이 구성된 도시 —옮긴이)의 디지털판이라 할 수 있다. 노동의 대가로 상품권이 지급되고 그 상품권은 아마존이 제공하는 서비스와 상품에만 사용할 수 있기 때문이다. 운 좋게 현금 형태로 임금을 지급받는 사람들도 그 돈이 끝내 자기 손에 들어오리란 보장은 없다. 2019년 메커니컬터크의 임금 지급 시스템이 변경되기 전에 많은 인도인 노동자가 임금을 수표로 받았다. 그런데 그 수표가 도중에 분실되거나 현금화가 불가능한 경우가 많았다. 주로 빈민가와 벽촌의 낙후된 우편과 금융 인프라 때문에 발생한 사고였다.[33]

자본의 선전자와 하수인들은 미세노동이 안정적인 임금 계약인 것처럼 말하지만 실상은 다르다. 미세노동자의 연평균 소득이 4만 달러라는 세계은행의 주장은 근거 없는 날조에 가깝다. 여기서 우리는 중요하지만 좀처럼 언급되지 않는 플랫폼 자본주의의 특징을 알 수 있다. 대량의 데이터를 현재의 시스템 존속에 필요한 값진 정보로 바꾸는 이들 노동자들이 임금은 가장 부실한 형태로 받고 있다는 사실 말이다.

미세노동 사이트 덕분에 거대 플랫폼들은 이런 현실을 은폐하거나 적어도 썩 나쁘지 않은 것으로 위장할 수 있다. 구글과 마이크로소프트의 실질적 노동자들은 미세노동이 전적으로 노동은 아니고 미세노동자가 전적으로 노동자는 아니라는 인식을 지속시키는 마케팅의 신기루 뒤에 숨어 있다. 의뢰인들은 노동의 결과물만 취하고 보수는 지급하지 않는 행태를 서슴지 않는다. 실제로 그 일을 하는 노동자들만 그런 인식이 얼마나 허망한 것인지 알 뿐이다. 조금만 일하고 돈을 받을 수 있다는 말은, 많이 일하고도 돈을 받지 못하는 현실을 가리기 위한 연막에 지나지 않는다는 것을 말이다.

서비스형 인간

미세노동자도 비공식 서비스 노동에 생계를 의존하는 노동자들과 마찬가지로 확실한 직업이 없다. "미세노동자" "크라우드 노동자" "루프 속 인간human-in-the-loop"(기계학습 과정에 개입하는 인간―옮긴이)은 그 막연한 정체성을 어떤 일관성 있는 정체성으로 재해석하기 위한 시도에서 나온 모호한 용어들에 지나지 않는다.

여기서 "미세노동"이라는 용어가 난민을 AI 공장의 부속품 정도로 취급하는 플랫폼인 사마소스에서 나왔다는 점을 지적하지 않을 수 없다. 이 용어는 은연중에 사마소스나 세계은행처럼 인간을 곤궁하게 만드는 활동을 존엄한 것으로 포장하는 기관에 유리한 방향으로 인식을 조장한다. 아닌 게 아니라 실제로 "미세노동자"가 마치 "변호사"나 "의사"처럼 일정한 직무를 정기석으로 수행하는 어엿한 직업인을 가리키는 말처럼 쓰이는 경우가 비일비재하다. 그러나 미세노동은 본질적으로 지극히 임시적이고 비정규적이며 구체적인 형태가 없다.

이런 공허함을 본의 아니게 가장 잘 표현한 말이 메커니컬터크를 "서비스형 인간"으로 마케팅한 제프 베조스의 뻔뻔스러운 발언이다.[34] 베조스는 노동자를 컴퓨터로 위장하기 위해 "서비스형 소프트웨어software as a service"(클라우드 기반의 소프트웨어—옮긴이)를 연상시키는 용어를 썼지만, 그럼에도 이 말에는 다종다양한 일거리를 전전하는 사람들, 특히 다른 직업을 구할 길이 없어서 그럴 수밖에 없는 사람들이 느끼는 헛헛함이 묻어난다. 여기서 우리는 한 가지 질문에 봉착한다. 미세노동이 직업이 아니라면 도대체 무엇인가?

직업의 쇠퇴는 19세기와 함께 시작됐다. 19세기에 접어들면서 분업의 패러다임이 완전히 달라짐에 따라 많은 직종이 대대적인 변화를 겪었다. 자본주의 시스템이 탄생하면서 생산의 본질이 바뀌고 그에 따라 노동의 본질이 바뀌었다. 이전에는 노동자 한 명이 만들었던 상품이 이제는 많은 사람의 손과 머리를 동원하는 협력을 통해 생산되는 사회적 상품이 됐다. 다시 말해 분업이 점점 더 고도화됐다.[35]

이런 흐름이 20세기 들어 자본이 내는 길을 따라 서비스업으로 확산되어 현재는 금융, 법률, 숙박, 요식, 소매에 종사하는 노동자에게까지 고도로 분화되었다. 영세 사업장에서는 주인이 매장 운영에 필요한 작업을 혼자서 다 수행할 수도 있겠지만, 대형 마트에서는 노동자가 진열 사원, 계산원, 재고 담당, 고객 상담사, 식품관 직원, 점장 등으로 나뉜다. 자동화의 물결 속에서 거의 사라지다시피 한 직업도 있지만 반대로 새롭게 탄생한 직업도 존재한다. 전에 없던 직업이 생겨나게 된 주된 이유는 날로 늘어나는 잉여 인력 때문이다. 그들이 계속 일할 수 있게 하려면 사회의 틈새를 공략하는 새로운 서비스가 요구되어야 한다. 그래서 온라인 소개팅 도우미, 동물 매개 치료사(반려동물을 통해 사람의 마음을 치료하는 사람―옮긴이), 각종 "컨설턴트"가 등장했다.

하지만 직업(그리고 직업에 준하는 것)이 양적으로는 늘어나도 질적으로는 위축되는 추세다. 예전에는 직업이 현재 우리가 노동시장에서 흔히 볼 수 있는 것보다 더 완벽한 형태였다. 그때는 직업이라고 하면 선배 세대로부터 후배 세대로 기술, 지식, 문화가 개인적으로 전수되는 것이 당연시됐다. 프랑스 철학자 앙드레 고르Andre Gorz에 따르면 그것이 진정한 직업의 필수 요소인데도 이미 수 세기에 걸쳐 약화되고 있다. "명상의 노하우는 한 분야에 종사하는 내내 갈고닦은 '개인적' 역량이었다. 장인들은 끊임없이 실력을 연마했다. 배움과 성장에 끝이 없으니 계속해서 새로운 기술을 습득하고 도구를 개량했다."[36]

고르가 말하는 것은 물론 산업이 대형화되기 전의 시대로, 그때는 각 분야의 노하우가 장인의 전유물이었다. 하지만 복잡하게 분업화되고 IT가 발달한 지금은 대부분의 일이 개인적인 것이 아니게 됐다. 이제는 어떤 직업이든 개인이 아닌 기계에 노하우가 축적된다. 관리자가 상세히 기술한 작업 내용을 근거로 기계가 노동자에게 작업을 하달하고, 사무실이나 공장의 감시 시스템을 통해 수집된 정보로 기계가 노동자를 평가한다. 이런 측면에서 자본주의 시스템은 노동자를 기억, 지식, 전통은 물론이고 경험으로부터도 단절시킨다.

하지만 아무리 기계 안에 누적된 노하우가 노동을 지배하는 세상이 왔다고 해도 고르가 말한 "직업"의 흔적은 아직 남아 있다. 자동화와 합리화로 인해 "개인적" 노동이라는 개념이 하찮게 취급되고 있는지는 몰라도 여전히 대부분의 노동자가 매일 일정하게 수행하는 "직무"를 갖고 있다. 물론 그 직무란 것이 예전에 비하면 빈약하고 비개인적인 것일 수는 있겠지만, 그럼에도 거기에 존재하는 일관성이 한때 직업이라 불렸던 것의 흐릿한 형체라고 봐도 무방할 것 같다. 직업은 기계와 경영자의 손에 난도질당했을지언정 변변찮은 형태로나마 남아 있다.

그런데 미세노동 사이트에서는 이런 미미한 흔적조차 찾아볼 수 없다. 휴대폰과 노트북으로 전송되는 단기 작업은 백번 양보해도 직업이라 할 수 없을 만큼 심각하게 파편화되어 있다. 그것은 다른 직업군의 업무를 주로 30초 내에 끝낼 수 있는 분량으로 조각낸 수준에 불과하고 전후 작업 간에 어떠한 연속성도 존재하지 않는다.

이런 문제는 종합형 크라우드 사이트에서 특히 더 심각하다. 종합형 사이트는 특수형 사이트와 달리 몇 시간이나 며칠 연속으로 수행할 수 있는 작업 패키지를 제공하지 않기 때문이다. 그래서 메커니컬터크의 노동자는 단 하루 동안 문장을 번역하고, 음성을 녹취하고, 알고리즘에게 자전거를 인식하는 법을 가르치고, 온라인 쇼핑몰의 상품 설명을 작성하고, 불쾌한 콘텐츠를 선별하고, 코로나 바이러스에 대한 설문지에 답하고, 맥도날드에 가서 해피밀 사진을 찍어 온라인에 올리는 등 갖가지 일을 하게 된다. 그 덕분에 이런 사이트를 이용하는 기업은 이론상으로는 1시간마다 전체 노동자를 갈아치울 수 있을 만큼 막강한 유연성을 얻는다.

이 정도 유연성을 유지하려면 먼저 기존의 직업에서 수행되는 업무를 단기 작업으로 잘게 쪼개야 한다. 번역을 예로 들어보자. 이제 기초적인 번역 작업은 딥러닝 알고리즘을 통해 상당 부분 처리할 수 있다. 하지만 시나 소설의 번역처럼 아직 프로그래밍할 수 없는 형태의 문학적 감수성이 요구되는 작업에 대한 수요도 많다. 고도의 독해력이 요구되지 않는 작업이라면 라이언스브리지 같은 사이트를 통해 원문을 알고리즘이 처리할 부분과 노동자들이 단기 작업으로 처리할 단문들로 나누어 쪼갤 수 있다. 후자에는 "대화의 주제를 분류하는 것, 발언의 이면에 있는 감정을 포착하는 것, 의도를 분류하는 것, 발화의 내용상 구분점을 식별하는 것"이 포함된다.[37] 그런 일이라면 이제 굳이 권리와 적정한 임금을 보장해가며 숙련된 전업 번역가나 언어 전문가를 고용할 필요가 없다. 노동조합의 보호를 받는 그들을 두세 명 고용하느니 익명의 노동자 50명을 단기로 대여하는 편이 더 유리하기 때문이다.

또 다른 예를 생각해보자. 많은 사람이 두려워하는(혹은 추앙하는) 관리의 자동화는 사실 단일한 직무를 다양한 작업으로 세분화해 기계와 노동자에게 배분하는 것이다. 이 방면으로는 우버가 관리자를 완전히 알고리즘으로 대체했다는 비판을 많이 받는다. 그런데 실상을 보면 우버는 관리자의 업무 중 상당 부분이 알고리즘뿐만 아니라 애픈 같은 사이트의 노동자에 의해 수행된다. 이것은 우리에게 익숙한 관리의 형태가 아니다. 일반적인 택시 회사의 관리자는 기사들을 감독하는 사람으로서 그들의 신원과 면허를 확인한다. 하지만 잘 알려진 바 우버는 이 부분에서 문제가 많이 발생했다. 안면인식 소프트웨어 오작동이 주된 이유였다. 가령 면도나 이발로 달라진 기사의 용모가 시스템에 저장된 사진과 일치하지 않으면 위험인물로 분류되기도 했다.[38]

이처럼 알고리즘으로 기사의 신뢰도를 평가할 수 없으면 우버는 자동으로 애픈 같은 사이트에 확인 작업을 의뢰한다.[39] 이 작업을 수락한 노동자는 30초 안에 기사가 등록된 사람과 동일 인물인지 판별해야 한다. 그래서 동일 인물이 맞으면 차량의 운행이 승인되고, 동일 인물이 아니면 운행이 취소되면서 기사의 계정이 활동 중지 상태가 된다. 애픈의 노동자가 비록 1분도 안 되는 짧은 시간일지언정 간접적으로나마 우버의 관리자 역할을 하는 것이다. 말인즉 우버에서 기사의 노동을 감독하고 회사의 작업 흐름에 관한 결정을 내리는 것은 알고리즘이지만, 그 알고리즘을 감독하는 것은 노동자인 셈이다.

하루 동안 수십 개 기업을 위해 일하고 일주일 동안 대화 번역부터 택시 서비스의 일시적 관리에 이르기까지 수백 개의 이질적인 작업을 처리하는 노동자는 어떤 단일한 직무를 갖고 있다고 보기 어렵다. 이처럼 수행하는 작업이 극도로 다각화되어 있다면 가히 직업의 결여라 할 만하다. 이렇게 한때는 삶을 규정하는 중요한 요인으로 존재하던 직업이 묻힌

관에 대못을 박는 또 다른 현상을 역사학자 페리 앤더슨Perry Anderson의 글에서 찾을 수 있다.

> 보들레르, 마르크스, 입센, 랭보, 그로스, 브레히트가 알던, 심지어는 사르트르와 오하라가 알던 부르주아지는 구시대의 유물이다. 그 굳건한 원형극장이 서 있던 자리에 이제는 금세 사라질 형태들이 부유하는 수족관이 들어섰다. 그곳에 떠다니는 현대 자본의 기획자와 관리자, 감사원과 경비원, 운용자와 투기자는 사회적 항구성 혹은 안정적 정체성이 존재하지 않는 금전 중심의 세상에 없어서는 안 될 기능들이다.[40]

과거에 공고했던 부르주아의 삶이 산업화로 인해 현대의 직업들이라는 한층 유동적인 형태로 분화했다면, 지금은 인공지능의 발달로 인해 수많은 직업들이 부유하는 구름 속으로 사라지고 있다. 그 구름 속에서는 지금에 비하면 고정적이었던 과거의 직업들을 통해 제공되던 문화가 흔적도 없이 증발할 것이다.

이렇게 직업과 소득이 고도로 분화되는 것이 미세노동에만 국한된 현상은 아니다. 클릭워커와 메커니컬터크는 사회의 틈새마다 파고드는 서비스업이 어느새 표준적인 노동의 방식으로 급부상하고 있는 전 세계적 현상을 보여주는 한 예에 불과하다. 머잖아 하나의 안정적인 직업만 갖고 있는 사람들과, 다른 한편으로 아침에는 남의 개를 산책시키고, 낮에는 남의 집을 청소하고, 저녁에는 친구 역할을 대행하고, 밤에는 온라인 작업을 찾아야만 하는 사람들로 이분화된 새로운 양극화의 시대가 도래할 것이다. 아니, 어쩌면 이미 도래했는지도 모른다.

그렇다면 여전히 직업으로 취급되는 이 흐릿한 모조품의 종말이 과연 슬퍼할 일이냐는 의문이 들 법도 하다. 하지만 그것이 순간적으로 반짝이고 끝나는 작업들로 녹아 없어지면 공식적 노동운동의 정치적 위력 역시 용해되어버린다. 그렇지 않아도 이전에 그칠 줄 모르는 자본의 공격에 대항하던 단체들이 전 세계 노동 인구 가운데 서비스 노동(주로 불안정하고 일시적인 노동) 인구가 과반을 차지하는 작금의 서성장 경제에 적응하지 못하고 있다.[41] 여전히 과거에 머물러 있는 노조 문화가 고정된 직업 정체성이 없는 노동자들을 조직화하기에는 역부족이라는 말이 이제는 너무나 당연한 이야기가 되어버렸다. 그럼에도 초단기 작업을 전전하며 살아가야 하는 사람들이 이들을 지원해야 마땅한 단체들로부터 완전히 단절됐다는 사실을 우리는 주목해야 한다. 클릭워커 같은 사이트의 노동자들은 단도직입적으로 말해 각자도생의 상황에 방치되어 있다. 이 글을 쓰는 현재, 그들을 조직화하려는 시도라도 하는 기성 노동조합은 독일의 금속노조 이게메탈IG Metall이 유일하다.

노동자가 노조에 합류하기 위해서는 안정적인 직업이 필수라는 사실이 다른 유형의 플랫폼 노동을 통해 증명됐다. 현재 영국독립노동자연합Independent Workers of Great Britain, IWGB처럼 불안정한 노동자들을 규합하기 위해 탄생한 새로운 노조들이 딜리버루와 우버 같은 회사의 배달원과 기사들을 조직화하고 있지만, 미국과 유럽의 여러 지역에서 노동시장을 규제하는 제도를 보면 여전히 장기적이고 일관적인 노동을 먼저 고려하는 경향이 보인다. 그런 노동은 일정한 직업이 있을 때 가능한 것이고, 따라서 이런 제도는 "표준적 형태의 고용"이 적어도 일부 지역에서나마 당연시되던, 역사상 아주 짧게 존재하던 시대로 역행하는 셈이다. 하지만 유럽과 미국 전역에서 미세노동이 지속적으로 증가하고 있는 현실을 감안하면 앞으로 점점 더 많은 노동자가 직업이 주는 안정성을 누리지 못할 것으로 예상된다.

과장이 아니라 경제의 다른 영역들에서 노동력에 대한

저조한 수요가 좀처럼 반등할 기미가 보이지 않는다. 이미 범남반구에서 많은 사람이 그렇듯이 향후 미국과 유럽에서도 미세노동을 풀타임 취업으로 여기는 사람이 더욱 늘어날 것으로 보인다. 속단일 수 있겠으나 미세노동이 확산되면 초단기 데이터 노동뿐 아니라 온갖 직업이 그 안에 망라될지 모른다. 물론 장기적인 업무로 수행될 때 더 효율적인 일도 많겠지만, 회계나 금융, 카피라이팅, 번역 같은 화이트칼라 노동에서 일부 업무를 초단기 작업으로 분화하지 못할 이유도 없다. 실제로 이런 직군들에서 자동화가 점점 고도화되고 있다. 이 같은 시나리오가 실현된다면 더 많은 전문직 종사자가 임금 수렵채집인으로 변할 것이다.

그래서 미세노동은 "일자리 창출"의 새로운 원천이라고 보기 어렵다. 하지만 세계은행은 "수백만 개의 작업으로 수천 개의 직업을 만든다." 같은 발언을 담은 선전성 기사와 보고서로 여론을 호도한다.[42] 이런 기사는 수천 개의 직업을 수백만 개의 작업으로 전락시키려는 시스템의 논리를 편리하게 뒤집은 것에 불과하다. 더욱이 그 작업들이 다시 직업으로 복원될 확률은 희박하다. 낙관적 신자유주의자들의 장밋빛 전망과 정반대로 미세노동은 비공식 노동과 똑같은 환상에 의존할 따름이다.

마이크 데이비스의 말을 빌리자면, 비공식 노동은 "새로운 분업을 가능케 함으로써가 아니라 기존의 노동을 파편화함으로써, 따라서 소득을 분할함으로써 일자리를 만드는" 구조다.[43] 노동자는 다른 직업들의 사체에서 뜯어낸 저숙련 노동의 숱한 살점들을 이리저리 기워 호구지책을 만든다. 설령 이런 경제의 부스러기들로 직업과 비슷한 것이 만들어진다 해도 그것은 프랑켄슈타인의 괴물과 다르지 않을 것이다. 그리고 그 괴물을 탄생시킨 세계은행은 어둠의 연금술사나 다름없다.

따라서 미세노동이 전 세계로 확산되는 현상은, 그것이 건전한 노동시장을 형성하고 있다는 증거가 아니라 현재 우리가 처한 위기의 불길한 징후로 봐야 한다. 초단기 작업이 온전한 취업으로 위장하고 연막을 드리우다 보니 우리는 괜찮은 일자리의 수보다 잉여 인구의 수가 훨씬 많은 이 참담한 현실을 제대로 보지 못하고 있다. 플랫폼 자본주의는 과거의 자본 축적 체제들이 그랬듯이 전 세계를 휩쓸며 불우한 자들, 버림받은 자들, 아직 시장의 은총을 입지 못한 자들을 찾아다닌다. 더욱이 지금은 정보통신 기술과 기계학습에 힘입어 막다른 궁지에 몰린 사람들, 끊임없이 요동치는 행성의 벌거벗은 생명들을 손쉽게 찾을 수 있다. 다만 그렇게 포획한 노동자들을 위해 새로운 직업을 만들어냈던 과거의 축적 체제들과 달리 오늘날 플랫폼 자본주의는 시장의 낙오자들을 영구적 예비군으로 유지하면서 일감이 생길 때만 호출할 뿐이다.

4장

Work without the Worker

지워지는
노동자

어두컴컴한 지하 세계에서 알고리즘의
부속물로서 알고리즘을 개선하고 확장하고
감독하는 노동자들은 자신의 노동이 무엇의
일부분인지도 모른 채, 또 외부에 그 존재가
철저히 은폐된 채 하루하루를 보낸다.
대형 플랫폼이 원하는 노동의 형태가 바로
이런 것이다. 노동자에게는 불투명하고
세상에는 보이지 않는 노동.

브라질 상파울루의 거대 빈민가 파라이조폴리스 상공으로 드론이 말벌처럼 윙윙대며 떠 있다. 다닥다닥 붙어 있는 허름한 집들 위를 나른하게 날아다니는 이 드론은, 어쩌면 공권력의 이름으로 이곳 주민을 무자비하게 탄압하는 군사경찰 작전본부로 사진을 전송하고 있는지도 모른다. 잠시 후 드론이 날아간 곳은 방금 '스케일'에 접속한 어느 주민의 집이다.

　스케일은 중동과 라틴아메리카의 노동자에게 무인 드론용 사진에 라벨을 지정하는 작업을 맡기는 사이트다.[1] 이 주민이 지금 자신의 머리 위에서 벌어지고 있는 사태를 모르는 것처럼 스케일의 노동자들도 자신이 하는 일의 목적이 무엇인지 모른다. 그 일이 빈민가에 재난을 퍼붓는 무인 병기를 운용하기 위한 것인지, 아니면 재난 지역을 구호하는 인도주의 단체에 지리 데이터를 공급하기 위한 것인지 노동자는 알 길이 없다. 작업 자체에는 그 목적을 짐작할 만한 단서가 존재하지 않기 때문이다. 노동자에게 그런 정보를 제공하는 것은 어디까지나 의뢰인의 선심에 달린 문제지만 그렇게 과한 친절을 베푸는 의뢰인은 거의 없다.

　　미세노동은 비공식 노동의 외연만 확장시킨 게 아니다. 임금 노동의 낭떠러지에 몰린 사람들을 무자비하게 이용하는 새로운 방법도 고안해냈다. 지금 가난한 피박탈자들은 그들의 일거수일투족을 감시하고 그들의 공동체를 겁박하기 위해, 혹은 노동 과정에서 그들의 역할을 대신하기 위해 만들어진 기계들을 부지불식간에 훈련시키고 있다. 이른바 마르크스의 생생한 악몽보다도 더 악몽 같은 일들이 벌어지고 있는 것이다.

　　플랫폼 자본이 최근에 쓰기 시작한 이런 수법은 경제의 새로운 활로를 개척하는 것이 아니라 다가오는 세상의 불길한 징조가 된다는 사실을 강조하고 싶다. 그것이 어떤 세상인가 하면 기계학습 시스템에 원료를 공급하는 것이 노동의 일차적 혹은 이차적 목적이 되는 세상이다. 따라서 미세노동은 매우 심각한 노동의 위기를 불러일으킨다고 볼 수 있다. 하지만 위기는 곧 대전환점이 되기도 한다. 이제부터 이 장에서 살펴볼 현상들은 단순히 미세노동의 특징이라고만 할 것이 아니라, 자본주의가 쇠퇴하는 와중에 다양한 방면에서 일거리를 찾는 하등 취업자들을 조직화할 방법을 모색하기 위한 실험의 초기 단계라고도 할 수 있겠다.

블랙박스 노동

현대 경제가 노동자를 임금 노동에 자유롭게 참여하는 합리적 주체로 그리며 새로운 합리주의의 신화를 방패 삼아 승승장구했다면, 미세노동은 널리 추앙받는 이 신화의 허망함을 폭로하는 것으로, 혹은 새로운 세상의 도래를 암시하는 것으로 봐도 좋을 것이다. 아니, 어쩌면 둘 다일 수도 있다. 물론 미세노동이 임금 소득을 올려 자력갱생하기 위한 수단이라는 신념 내지는 신화를 부르짖는 선전자들은 경제 주체에게 주어지는 지식의 분량을 과장하고 심하면 완전히 왜곡하기도 한다.

그렇다고 해도 우리는 미세노동의 현주소에서 플랫폼 자본주의가 전에 없던 신민들을 발견해냈다는 사실을 잘 알고 있다. 그 신민들은 더 이상 지식에 의해 계몽되지 못하고 오히려 데이터의 암흑 속으로, 데이터가 만드는 불투명한 세상으로 떠밀려난 노동자들이다. 어떤 면에서 미세노동은 제임스 브리들James Bridle이 말하는 "새로운 암흑기"의 완벽한 예시다. 그것은 계몽에 역행하는 시대로, 세상을 깨우라고 만든 도구들이 도리어 기술이 야기하는 새로운 형태의 무지로, 결국에는 야만으로 이 세상을 몰아가는 시대다.[2]

이 새로운 형태의 무지는 이미 오래전부터 존재해온 계급 간 격차에 뿌리를 두고 있다. 눈을 뜬 자와 여전히 눈먼 자의 격차가 작금의 "빅데이터" 혁신으로 더욱 벌어졌음은 의심의 여지가 없는 사실이다. 물론 그 혁신 사례 중 상당수는 실제보다 과장된 측면이 있다. 예를 들면 마치 파노라마처럼 "고객에 대한 360도 시야"를 제공하겠다는 데이터 분석업체 액시엄Acxiom의 패기 넘치는 약속이 그렇다.

자본은 오래전부터 선견자를 자처했고, 그 지위를 유지하기 위해 주로 노동자의 시야를 가리는 수법을 써왔다. 예전과 지금의 차이점이라면 알고리즘에 의해 점점 더 많은 것이 자동으로 결정되고, 그에 따라 점점 더 많은 일이 우리의 등 뒤에서 일어나고 있다는 것이다. 알고리즘이 부리는 마술을 오로지 데이터 신비주의자와 노동 차익거래자의 전유물로 유지하려면 새로운 성격의 경제적 시각 장애를 유발하는 주술이 필요하다.

　이렇게 갈수록 근시안이 되는 것은 다른 공급 사슬의 최말단에 있는 노동자들도 마찬가지다. 예를 들어 패스트패션 브랜드 프라이마크Primark의 의류를 만드는 방글라데시의 봉제 노동자는 자신의 노동이 최종적으로 어떤 회사의 이익을 위한 것인지 정확히 알지 못한다. 더 일반적인 사례를 들자면 공장 노동자나 가게 점원도 자신이 당하는 착취의 위계 구조를 제대로 알지 못한다. 그래서 마르크스는《자본론》에서 "그들은 이것을 알지 못하고 그 일을 한다"라는 유명한 말을 남겼다.[3] 그래도 이들은 자신이 타이어를 생산하고 있다거나 다른 사람이 입을 옷을 팔고 있다는 것 정도는 안다. 외국의 방산업체에 볼트와 너트를 납품하는 회사에서 일하는 사람들도 조금만 조사해보면 자신이 하고 있는 일의 성격을 파악할 수 있다.

　하지만 미세노동은 빛 한 줄기나마 겨우 들어오면 다행인 수준으로 지식의 문을 닫아버리기 때문에 노동자는 자신이 무슨 일을 어떤 목적으로 하고 있는지 전혀 알지 못한다. 방글라데시의 봉제 노동자는 비록 자신이 만드는 셔츠가 최종적으로 어떤 기업의 이름으로 판매되는지만 모를 뿐 적어도 누군가가 입을 셔츠를 만들고 있다는 것은 안다. 셔츠는 봉제 노동자가 쉽게 인지할 수 있는 구체적인 용도가 있기 때문이다. 반면에 클릭워커 노동자는 자신이 무엇을 만들고 있는지조차 모를 때가 부지기수다. 말하자면 봉제 노동자가 실눈이나마 뜨고 있다면 미세노동자는 완전히 눈이 먼 셈이다.

이렇게 된 이유 중 하나는 미세노동 작업들이 지나치게 추상화되어 그것이 어떤 공정에 속하는지 가늠할 길이 없기 때문이다. 하지만 더 큰 이유는 미세노동 사이트들이 마치 "지도상에 표시되지 않은 기밀 시설처럼 알려진 바가 거의 없기" 때문이다.[4] 노동자가 포드 자동차를 위해 만드는 볼트와 너트, 스타벅스를 위해 추출하는 커피, 콜센터 노동자가 수행하는 설문조사와 달리 미세노동의 결과물은 대개 비밀 유지를 이유로 노동자에게 공개되지 않는다. 녹취록을 만들 때 노동자는 자신이 아일랜드 억양을 가진 사람의 말을 글로 옮기고 있다는 것을 안다. 그러나 그 녹음본의 정체(예: 챗봇 알고리즘용 데이터)가 무엇이고, 그것이 어떤 용도(예: 패스트푸드점 자동화)로 사용될지는 모른다. 음흉한 거대 IT 기업들이 그런 정보를 은폐한 채로 미세노동 사이트를 통해 은밀히 사업을 진행하기 때문이다.

구글이 미세노동 사이트를 통해 미국 국방부의 메이븐

프로젝트Project Maven를 진행한 것이 좋은 예다.[5] 거대 IT 기업과 미군의 비밀스러운 거래는 드문 일이 아니다. 구글이 펜타곤으로부터 수주한 사업은 방대한 분량의 드론 영상을 분류해 최종적으로 전장에서 표적 인식률을 높이는 인공지능 프로그램 개발로, 이 프로그램이 쓸모가 있으려면 알고리즘이 사물을 "건물" "인간" "탈것" 등으로 분류할 수 있어야 한다. 이에 구글은 비용을 절감하는 동시에 기밀을 유지하기 위해 데이터 주석화를 전문으로 하는 미세노동 사이트 '피겨에이트'(현재 애픈)와 계약을 맺었다. 그리고 피겨에이트의 노동자들은 영상에서 추출한 캡차CAPTCHA(웹사이트에서 접속자가 봇이 아님을 확인하기 위해 사용하는 이미지―옮긴이) 형태의 이미지에서 사물을 식별함으로써 알고리즘에 필요한 데이터를 공급했다.

이런 식으로 노동자들은 자신도 모르는 사이에 펜타곤 직원늘이 "건물을 클릭해서 관련된 사물을 모두 확인할" 수 있도록 "근실시간 분석"을 가능케 했다.[6] 구글이 익명성 뒤에 숨어 있고 영상의 성격이 매우 추상적이었기 때문에 노동자들은 자신이 누구를 위해 무슨 일을 하는지 전혀 알 수가 없었다. 드론 영상 자체는 주로 시가지처럼 평범한 장면을 보여주기 때문에 그것이 전쟁의 도구로 쓰이리라고는 알아차리

기 어려웠던 것이다.[7]

　　사회학자들의 연구에 따르면, 자율주행차용 데이터를
주석화하는 노동자들도 다음과 같이 자신이 무슨 일을 하는
지 정확히 알지 못한다.

> 일부 응답자가 사진 속에서 도로와 경주로를 식별하고 지
> 질(자갈, 아스팔트, 모래 등)을 선택하는, 그들의 표현에 따르
> 면 "모터크로스" 작업을 언급했다. 이것을 비디오게임용이
> 라고 생각하는 사람들도 있고, 전국 경주로 실태 조사용이
> 라고 생각하는 사람들도 있었다. 이렇게 의견이 갈리는 이
> 유는 의뢰인마다 작업의 성격과 목적에 대한 구체적인 정
> 보를 제공하는 정도에 큰 차이가 있어서 노동자들이 혼란
> 을 겪었기 때문이다.[8]

　　이는 메이븐 프로젝트의 사례처럼 미세노동의 지원을
받는 기술이 명백히 탄압의 목적으로 개발되는 경우 특히 더
심각한 문제가 된다. 섬뜩한 예를 하나 들어보자. 얼굴에 태
그를 지정하는 작업은 모든 미세노동 사이트에서 흔히 볼 수
있는데, 의뢰인은 그 결과물이 안면인식 알고리즘을 훈련시
키는 데 사용된다는 사실을 밝힐 의무가 없다. 안면인식 소프

트웨어는 사람을 식별하고 그 소재를 파악하기 위해 얼굴을 촬영한 후 데이터베이스의 사진과 대조한다. 그런데 그 근간에 우생학이 있기 때문에 다분히 인종차별적인 결과가 도출될 수 있다.[9] 안면인식은 도시를 군경의 지배하에 두려는 세력이 최근 사용하는 전략으로, 저소득층 밀집 지역에 대한 대대적인 수색전을 가능케 한다.

특히 로스앤젤레스와 상하이처럼 공권력이 막강한 도시에서 그런 경향이 두드러진다. 일례로 로스앤젤레스 경찰은 2009년부터 지금까지 안면인식 소프트웨어를 약 3만 회 사용했고, 그 목적은 주로 부유층 거주지를 "조직범죄"로부터 보호하기 위해서였다.[10]

코로나 팬데믹으로 전 세계적으로 안면인식 소프트웨어의 사용률이 급증한 가운데 중국의 여러 도시에서 특히 그 증가세가 가파르게 나타났다. 당국에서는 그 목적이 바이러스의 추적에 있다고 밝혔지만 이는 어디까지나 표면적인 이유일 뿐이고 진짜 목적은 소수민족을 추적하고 억류하는 것이었다. 이 기술이 중국 정부의 민족주의적이고 국수주의적인 숙청 작업에 요긴하게 활용되어 강제수용소에 억류된 위구르족의 수가 더욱 늘어났다는 사실은 가히 충격적이다. 창업주가 정부를 비판한 후 강력한 규제를 받은 중국의 상거래

플랫폼 알리바바는 현재 위구르족의 얼굴을 인식하는 데 도움이 되는 소프트웨어를 정부에 공공연히 제공하고 있다.[11]

이 같은 권위주의적 악몽이 실현되도록 동력을 공급하는 것이 바로 메커니컬터크 같은 사이트에 등록된 작업들이다.[12] 실제로 아마존 역시 자체적으로 메커니컬터크를 이용해 논란이 많은 소프트웨어 레커그니션Rekognition을 훈련시키고 있다. 아마존의 모호하면서도 불길한 표현을 빌리자면, 레커그니션은 "요주의 인물"을 감시하는 도구다.[13] 아마존이 다수의 경찰 기관과 레커그니션 사용 계약을 맺고, 그 밖에도 미국 이민세관집행국을 포함해 많은 치안·안보기관에 이 소프트웨어의 사용을 권유했다는 점에서 그 감시 대상이 다분히 인종적으로 편향되어 있으리란 의구심이 짙어진다.[14]

최근 IBM, 아마존, 마이크로소프트가 이런 유형의 기술을 경찰에 공급하는 것을 중단하기로 결정했는데, 이는 진심으로 윤리적 문제를 고려해서라기보다 "블랙 라이브스 매터Black Lives Matter"(흑인의 생명도 소중하다) 운동이 널리 지지받는 상황에서 기업의 이미지를 고려한 결과로 보인다. 따라서 차후에 이 운동에 대한 지지세가 약해지면 다시 경찰과 거래할 여지가 남아 있다.

그런가 하면 클리어뷰AIClearview AI라는, 왠지 감시의 시야를 넓혀줄 것 같은 이름을 가진 기업은 이민세관집행국 같은 기관에 여전히 뻔뻔하게 소프트웨어를 공급하고 있다.[15] 최종적으로 이런 기관의 이득을 목적으로 하는 단기 데이터 작업은 그 작업물이 어떤 기술에 사용되고 원청이 어디인지 알 수 있을 만한 단서가 제공되지 않기 때문에 그로 인해 초래되는 탄압으로부터 완전히 자유롭다. 결국 노동자는 자신이 수행하는 작업으로 누가 무엇을 통해 이득을 보는지 전혀 알지 못한 채 시가전과 문화 말살의 도구로 사용되는 기술을 발전시키는 데 동원되고 있는 셈이다. 미세노동 사이트를 이용하는 난민들이 사실상 자신들을 탄압하는 기술 개발에 가담할 수밖에 없다니 참으로 아이러니한 비극이다. 자본가들이 기계를 이용해 노동자를 인종차별적 구조에 예속시키는 것이 어제오늘 일은 아니지만 그 구체적 양상은 이렇게나 달라졌다.

　　여기서 한 가지 문제점은 노동자가 매일 여러 사이트와 인터페이스를 오가기 때문에 자신이 어떤 일에 관여하고 있는지 파악하기가 거의 불가능에 가깝다는 사실이다. 그 작업물을 실제로 이용하는 플랫폼은 여러 겹으로 싸인 복잡한 구조 속에 숨어서 다양한 사이트를 통해 다양한 작업을 외주화한다. 그래서 노동자는 자신이 와이센스YSense에서 작업을 수행하고 있다고 생각하지만, 사실은 애플이 와이센스를 통해 구글을 위한 작업을 중개했을 수도 있다.[16] 이렇게 미세노동 사이트는 거대 IT 기업의 부정한 대리인이 되어, 겉으로는 "사악해지지 말자"라고 외치는 기업들이 운영하는 새로운 사탄의 공장을 은폐하고 있다.[17]

공급자관리시스템Vendor Management System, VMS은 이미 혼탁한 외주의 사슬에 또 하나의 불투명한 층을 더한다.[18] VMS는 마이크로소프트의 사내 플랫폼인 UHRS와 구글이 자체 개발한 레이터허브 같은 사이트에 노동자를 공급하고, 경우에 따라서는 그 자체로 미세노동 사이트와 같은 기능을 한다. 그리고 클릭워커 같은 사이트가 중소규모 의뢰인들의 작업을 받는 한편으로 마이크로소프트의 UHRS 같은 대형 의뢰인에게도 노동력을 공급하면서 미세노동 사이트와 VMS의 역할을 병행함으로써 이 물길을 더욱 혼탁하게 만든다.

VMS의 주 고객인 대형 플랫폼들은 미세노동을 이용하는 것을 들키지 않기 위해 비밀유지계약NDA을 맺는다. 예를 들어 구글은 레이터허브의 전신으로 외부에 거의 공개되지 않았던 EWQQ의 노동자를 숨기기 위해 VMS를 이용한 바 있다.[19] 그렇게까지 해서 그들의 존재를 은폐하려고 한 이유는 자사의 예측형 알고리즘인 페이지랭크PageRank의 비밀을 숨기기 위해서였다. 페이스북 역시 NDA와 VMS를 이용해 검열 인력을 확보하고 자사의 알고리즘 주위에 방벽을 친다.

전 세계 빈곤층이 어쩔 수 없이 부유한 플랫폼들의 미래 예측을 돕고 있는 와중에 그들의 현재는 더욱 예측이 어려운 지형으로 바뀌고 있다. 사실상 블랙박스 속에서 일하고 있는 노동자들은 노동 과정에서 자신이 어느 위치에 있는지 파악할 수 있는 방법을 모두 상실했다.[20] 그들에게는 관리자 대신 알고리즘만 존재하고, 동료 노동자 대신 경쟁자의 아바타만 존재하며, 의뢰인과의 명확한 접점도 없고, 확실한 정보도 제공받지 못한다.

그들에게 노동은 "모르는 모르는 것unknown unknowns"(조지 W. 부시 정권의 국방부 장관이던 도널드 럼즈펠트가 쓴 표현으로, 자신이 모른다는 것조차 모르는 대상을 가리킨다—옮긴이)의 영역이요, 벽에서 일렁이는 그림자들의 영역이자, 어둠 속에서 불쑥 튀어나오는 "블랙 스완black swan"(예상 외의 돌발 사건—옮긴이)의 영역이다. 그곳에서 유일하게 눈에 보이는 것은 자기 앞에 놓인 작업뿐이다. 거대 IT 기업들은 어둠 속에 숨어 있고, 어떤 작업도 그 실체가 명확히 드러나지 않으며,

노동자의 계정과 의뢰인은 예고도 없이 폐쇄되고 사라질 수 있다. 어둠 속에 고립된 노동자는 자신의 노동이 구체적으로 무엇을 위한 것이고 누가 그 수혜자인지 알 수 없는 상황에서, 역시 베일에 싸여 있는 진짜 고용주로부터 힘겹게 자신을 보호해야 한다.

그 결과 노동자는 그늘 속에서 암약하는 알고리즘을 위한 야경꾼으로 전락한다. 자신이 만드는 훈련 데이터가 알고리즘에 투입되어 모종의 결정으로 산출된다는 것 정도만 알 뿐 그 과정에서 일어나는 일은 전적으로 불투명하게 남는다.[21] 이 불투명한 공간이 바로 사회적으로 강력한 힘을 발휘하는 기술을 가리고 있는 블랙박스이며, 그 실체는 대개 권력과 기밀을 유지하기 위해 외부에 공개되지 않는다. 그 안에는 알고리즘이 무엇을 근거로, 누구를 위해, 무슨 목적으로 결정을 내리는지, 요컨대 결정 원리가 숨겨져 있다.

그 어두컴컴한 지하 세계에서 알고리즘의 부속물로서 알고리즘을 개선하고 확장하고 감독하는 노동자들은 자신의 노동이 무엇의 일부분인지도 모른 채, 또 외부에 그 존재가 철저히 은폐된 채 하루하루를 보낸다. 대형 플랫폼이 원하는 노동의 형태가 바로 이런 것이다. 노동자에게는 불투명하고 세상에는 보이지 않는 노동.

뿔뿔이 흩어진 노동자

미세노동 사이트가 목표로 하는 것은 노동자들에게 노동 과정 전반을 감추는 것뿐만 아니라 노동자들을 서로에게서 감추는 것이기도 하다. 미세노동 사이트에는 노동자들이 서로 메시지를 주고받거나 프로필을 볼 수 있는 기능이 존재하지 않는다. 이것은 노동자들의 투쟁을 미연에 방지하기 위해서이기도 하지만, 더 깊이 들어가면 애초에 노동자들이 집단으로 존재할 수 없게 하기 위해서다.

수많은 노동자가 서로 접촉할 수 있게 되면 비밀스러운 프로젝트가 세상에 드러날 위험성이 커진다. 더욱이 알고리즘에 대한 대중의 환상이 깨져서 고객사가 재정적으로 타격을 입을 수 있다. 특히 미세노동을 통해 노동자를 기계로 둔갑시킴으로써 벤처캐피털의 환심을 사려고 하는 기업들이 그런 위험성을 가장 크게 느낄 것이다. 그래서 릴리 이라니는 이렇게 쓰고 있다.

인간 연산 플랫폼들이 노동자들을 숨기고 그들을 컴퓨터 코드에 의해 관리되는 자원으로 위장한 덕분에 미래형 데이터 기업을 자처하는 스타트업들이 버젓이 하나의 산업을 이뤘다. 노동자 은폐는 이런 스타트업들이 투자자에게 좋은 평가를 받기 위해 요긴하게 쓰는 수법이고, 따라서 창업자의 일확천금을 위해 반드시 필요한 수법이다. 미세노동에 의존하는 기업은 투자자들에게 노동 기업이 아니라 "기술 기업"으로 인식될 때 더 후한 조건으로 투자를 유치할 수 있다.[22]

플랫폼들이 "기술적 경이"라는 찬사를 받으며 첨단 기업의 이미지를 유지하고 계속해서 수익을 창출하려면 노동자들이 눈에 보이지 않아야 한다. 그래서 투자금을 유치하기 위해서든 기밀 프로젝트를 은폐하기 위해서든 미세노동을 이용해 부끄러운 비밀을 가린다. 그러다 보니 노동자가 있어야 할 그 자리에 으리으리한 기계와 눈부신 혁신, 천문학적인 기업 가치 평가액이 난무한다. 밖에서 보면 창업자와 프로그래머들이 대성공을 거둔 것만 같다. 심지어 날마다 행해지는 자본주의의 착취 행각은 겉으로 드러나지도 않는다. 이를 위해 노동자들이 서로에게서 단절되어 있기 때문이다. 바다와 국경에 의해서만 단절되는 것이 아니다. 노동자 집단의 존재가 의뢰인은 물론이고 노동자 본인들에게도 보이지 않게 만드는 소프트웨어 인터페이스에 의해 서로 분리되는 것이다.

더군다나 코로나 팬데믹으로 원격 근무가 활성화되면서 이처럼 단절을 유도하는 수법들이 더욱 주가를 올리고 있다. 일터를 벗어나 거실이나 카페 같은 곳에서 수행되는 노동은 지난 10년간 실리콘밸리가 은근히 확산시킨 노동 모델, 즉 노동자들이 서로 만나지도 연락하지도 못하는 노동 모델에 완벽히 부합한다. 이것은 아마존과 페이스북 같은 기업이 그려온 폐쇄적 디지털 세상의 한 가지 특성과도 맞닿아 있다. 바로 사람들의 일상적·정치적·경제적 상호 작용이 모두 각자의 집에서 편하게 접속하는 플랫폼상에서 이루어지는 것이다.

팬데믹 이후의 세상에서는 사람과 사람이 더 많이 만나야 한다는 주장이 점점 힘을 잃을 것이다.[23] 미세노동은 노동 시장에서 노동자들이 서로 단절된 세상을 실현함으로써 노동조합, 노동자 문화, 노동자 보호 장치가 빠진 자본주의, 다시 말해 자본을 위협할 수 있는 노동자가 존재하시 않는 자본주의라는 신자유주의적 환상의 정점을 구현한다. 마치 자본주의의 기괴한 꿈에 생명을 불어넣기라도 하는 것처럼 미세노동은 임금 계약, 명확한 직업, 노하우의 존재를 지우는 것으로도 모자라 자본에 대항하는 단일 대오로서 노동자 집단의 존재까지 박멸하고 있는 것이다.

데이터 악몽

세계 경제의 변방에 있는 실직자들이 그들의 집 위를 날아다니는 드론과 그들을 식별해서 추방하는 카메라를 운용하는 사업에 투입되는 현실이 씁쓸하긴 해도 그리 놀라운 일은 아니다. 더 큰 문제는 실리콘밸리 자본의 음침한 동굴에서 비공식 노동자들을 대상으로 그보다 더 불길한 실험이 행해지고 있다는 사실이다.

그 대표적인 예가 아마도 메커니컬터크일 것이다. 언뜻 생각해서는 아마존이 메커니컬터크에서 무슨 이득을 취하는지 분명치 않다. 적어도 수익이라는 측면에서 보자면 메커니컬터크는 아마존에 큰 의미가 있는 사업은 아니다. 아마존의 연 매출 총액이 바다라면 메커니컬터크의 연 매출은 그 바다에 떨어지는 빗방울에 지나지 않는다. 사이트 운영에 들어가는 비용까지 감안하면 과연 수익이 나는지조차 의문스럽다.

그러나 메커니컬터크의 이용 약관을 자세히 들여다보면 아마존의 꿍꿍이가 드러난다. "이용자가 당 사이트에 업로드하는 작업 콘텐츠와 당 사이트를 통해 인수하는 작업 결과물은 당 사이트를 개선하고 당사가 제공하는 상품 및 서비스와 관련된 기계학습 시스템을 개선하기 위한 목적으로 보관, 사용될 수 있습니다."[24] 한번 쓱 읽어보기만 해도 참으로 기발한 수법임을 알 수 있다. 메커니컬터크에서 작업이 완료되면 그와 관련된 귀중한 데이터가 자동으로 아마존에 저장된다. 메커니컬터크가 노동자와 의뢰인을 연결하고 수수료를 취하는 노동 중개 사이트인 것처럼 보여도 진짜 목적은 아마존 웹 서비스용 데이터를 확보하는 데 있다.[25]

아마존이 메커니컬터크를 통해 자사의 데이터 수집과 활용 능력을 강화하듯이, 그보다 규모가 작은 미세노동 사이트들도 자사와 대형 플랫폼들의 이익을 위해 데이터 장사를 한다. 플레이먼트의 경우, 이용 약관에 "이용자가 질문에 대한 응답, 사진 촬영 등으로 수합하거나 생성한 작업물은 플레이먼트에 귀속됩니다"라고 명시되어 있다.[26] 여기서 말하는 작업물은 라벨링되거나 분류된 데이터로, 의뢰인과 플레이먼트가 서로 경쟁적으로 취해야 하는 자원이 아니기 때문에 양측이 공동으로 이용해도 마찰이 생기지 않는다.

플레이먼트도 메커니컬터크처럼 중개자라는 지위를 이용해 작업물의 데이터를 취한다. 하지만 오로지 아마존의 이익만 목표로 하는 메커니컬터크와 달리 플레이먼트는 이 데이터를 제3의 기업들과 공유한다. 그중 하나가 페이스북이다.[27] 플레이먼트는 페이스북을 통해 SNS상에서 노동자들의 친구에 대한 정보를 수집하고 그중에서 추가로 영입할 만한 사람을 찾는다. 그 반대급부로 페이스북은 다양한 작업에서 발생하는 방대한 분량의 주석화된 데이터를 제공받는다는 것을 능히 짐작할 수 있다.

그 밖에 사이트들은 노동자로 가입해야만 이용 약관을 볼 수 있지만, 짐작건대 구글은 레이터허브를 통해 애픈의 방대한 노동 데이터를, 마이크로소프트는 UHRS를 통해 클릭 워커의 데이터를 입수하고 있을 것이다. 여기서 우리가 생각해볼 문제는 마이크로소프트 같은 기업이 시급한 용도 외에도 여러 목적으로 데이터를 무분별하게 사용하는 것이다. 미세노동 사이트가 마이크로소프트나 페이스북 같은 거대 기업을 고객으로 유치하려면 계속해서 방대하고 다양한 데이터를 확보함으로써 고객사의 데이터 역량을 향상시킬 수 있다는 것을 보여줘야 한다. 데이터는 네트워크의 중앙에 있는 대형 플랫폼을 향해 끊임없이 움직이는 구심운동을 한다. 이 네트워크의 실체는 곧 위계질서라 할 수 있다. 이 위계질서의 최상단에 있는 마이크로소프트 같은 기업은 제 궤도 안에 미세노동 사이트를 더 많이 끌어들일수록 다양한 데이터를 획득할 수 있다.

미세노동 사이트가 대형 플랫폼들을 위해 데이터를 수

집하는 행태는 재무적 차원에서도 중요하다. 플레이먼트 같은 사이트가 자금난에 시달리지 않으려면 자본을 유치하고 기업 가치를 키우기 위해서라도 데이터를 수집해야만 한다. 벤처캐피털들이 데이터를 더 많이 보유한 사이트가 더 경쟁력 있고 효율적이고 혁신적이라고 평가하기 때문이다.[28] 바꿔 말하자면 플레이먼트의 재정 건전성은 노동 중개 서비스보다 데이터 역량에 더 크게 좌우된다. 물론 그 데이터의 종착지는 페이스북과 구글이다.

미세노동 사이트와 그 고객사인 대형 플랫폼의 관점에서 보면 미세노동자는 임금 노동자보다는 페이스북이나 구글 이용자와 비슷한 존재로서 가치가 있다. 보통은 작업의 결과물보다 작업 과정에서 만들어지는 데이터가 더 유용하게 쓰이기 때문이다. 이런 특성이 데이터를 취합해 조직을 개선하고 작업 흐름을 개선하는 전통적인 경영 전략과 맞닿아 있다고 볼 수도 있을 것이다.[29] 메커니컬터크의 노동자가 자신의 행동, 작업 수행 방식과 속도, 접속 시간과 빈도 등 노동 과정에 대한 데이터를 메커니컬터크에 제공하면, 이 데이터는 메커니컬터크뿐 아니라 아마존의 다른 알고리즘에도 투입될 수 있다. 예를 들어 아마존 물류창고에서 사용되는 알고리즘은 노동자의 성과를 효과적으로 관찰하고 관리하기 위해 다양한 행동 데이터를 필요로 한다.

사실상 이런 형태의 감시 체계가 가장 섬뜩하게 구현되는 곳은 원격 미세노동이 아니다. 실제로 노동자들을 작업장에 한데 모아놓고 데이터 라벨링 작업을 처리하는 중국의 데이터 공장 같은 곳이다. 개중에는 기존에 IT 기업들이 쓰던 도시의 오래된 콘크리트 공장 건물에 입주해 지금보다 자동화가 덜 발달했던 과거의 향수를 불러일으키는 대형 데이터 공장도 극소수 존재하긴 한다. 하지만 대부분의 데이터 공장은 시골에 자리를 잡고 실직한 블루칼라 노동자들을 이용한다. 그들은 이 일이 아니었다면 십중팔구 도시로 나가서 거의 무한대에 가까운 중국의 비공식 노동 인구에 편입됐을 사람들이다.[30] 그들이 일하는 이 답답한 "데이터 농장"은 이미 전국적으로 그 수가 6000개를 넘어섰고 한 마을의 노동 인구 전체를 장악하고 있다. 앞으로는 이 농장들이 시골 마을의 부지 전체를 통째로 기술 지배를 받는 사유지로 만들어 그 안에 피박탈 이민자 계층을 사실상 가둬놓는, 이른바 디지털판 기업 도시 혹은 대농장으로 발전할 공산이 크다.[31]

이 중국의 데이터 노동자들은 원격으로 일하는 애픈과 라이언스브리지의 노동자들과 달리 콜센터를 연상시키는 무미건조하고 밀집된 사무실에 갇혀 있다. 이렇게 노동자가 물리적으로 인접해 있기 때문에 기업은 원격으로 근무하는 노동자를 이용할 때보다 생체 데이터를 손쉽게 수집할 수 있다. 예를 들어 노동자가 의료용 사진에 라벨을 지정할 때 기업은 노동자의 시선, 키보드를 두드리는 것 같은 신체 동작, 작업에 소요되는 시간, 작업의 정확성을 기록으로 남길 수 있다. 그렇게 되면 관리는 곧 노동자의 일거수일투족을 추적하는 가혹한 감시 행위가 된다. 관리자는 그처럼 세밀하게 노동 과정을 모니터링함으로써 특정한 작업을 고성과 노동자에게 실시간으로 배정할 수도 있다.[32] 반대로 저성과 노동자는 매정한 알고리즘에 의해 언제든 버려질 수 있다.

가히 "알고리즘 천하"라고 할 이 디지털 시대의 테일러주의(노동자의 동선, 노동시간 등을 표준화해 생산성을 키우는 관리 기법—옮긴이)는 관리라는 차원에서만 보자면 20세기의 관리 기법과 크게 다르지 않다.[33] 하지만 관리의 차원을 넘어서 데이터를 통해 기계학습 서비스를 향상시킬 수 있다는 차이점이 존재한다. 가령 메커니컬터크는 의뢰인과 노동자 사이에서 무엇이 오가는지 위에서 모두 내려다보며, 예컨대 단기 번역 작업에서 생성되는 데이터를 "아마존 웹 서비스AWS"의 신경망 기계 번역 서비스인 "아마존 번역기Amazon Translate"에 투입할 수 있다. 그러면 아마존은 중개인이라는 이유만으로도 이런 데이터를 전부 확보하게 된다.

여기서 우리는 메커니컬터크의 가장 중요한 목적을 알 수 있다. 겉보기에는 수익성이 의심스럽고 오히려 손해만 안 나면 다행일 것 같은 노동 중개 사이트가 사실은 물류와 소프트웨어 기업인 아마존의 더 큰 사업들에서 수익을 창출하기 위한 수단으로 사용되고 있다는 사실 말이다.[34] 즉, 메커니컬터크에서 정말로 중요한 것은 중개료 수입이 아닌 노동 과정과 관련된 데이터를 확보하는 일이다.

노동자를 기계학습의 엔진으로 간주하는 시각은 아마존 같은 기업의 전반적 사업 모델이 가진 특수성을 생각하면 그리 황당한 것도 아니다. 아마존의 이런 행동은 여러 면에서 빅토리아시대의 자본주의 모델과 닮았다. 불안정한 육체노동자들이 창고에서 장시간 상품을 포장하며 잉여 자본을 만들어내는 것은 그때나 지금이나 마찬가지다. 다만 아마존은 "세상의 모든 것을 파는 상점"보다는 전 세계적 물류 기업에 더 가깝다. 그래서 맬컴 해리스Malcolm Harris는 "아마존은 이윤을 추구하는 기업이 아니라 마치 계획경제 체계처럼 행동하고 있다"라고 꼬집었다.[35]

아마존의 거대한 물류 창고, 배송 차량, 오프라인 매장은 노동과 상품, 정보를 유통하는 컴퓨터 물류 시스템에 물리적 형태를 입힌 것에 지나지 않는다. 아마존의 비즈니스 모델은 모든 면에서 아마존의 컴퓨터 역량을 향상하는 데 초점이 맞춰져 있다. 일례로 아마존 프라임Amazon Prime은 주문을 받을 때마다 손해가 발생하지만, 더 많은 고객의 데이터를 확보함으로써 아마존의 물류와 클라우드 서비스를 강화하기 위해 존재한다. 이에 대해 킴 무디Kim Moody는 이렇게 썼다.

> 정보 기술은 상품의 육상·해상·항공 운송부터 다양한 유통 및 주문 처리 시설의 운용에 이르기까지 물류의 모든 차원을 연결한다. 거대한 데이터 웨어하우스나 데이터 센터는 이런 물리적 공급 사슬 인프라의 필수 요소이자, 재화와 돈의 이동을 가속화하고 원활히 하려는 노력의 핵심 요소다.[36]

아마존이 물류계의 공룡 기업이 되는 과정에서 탄생한 AWS는 원래 데이터 저장, 소프트웨어 개발, 연산을 위한 내부용 서비스였으나, 현재는 아마존의 영업 이익 중 가장 큰 비중을 차지하는 서비스로 발전했다.[37] 이제 AWS는 전 세계적으로 정부에 데이터 저장 공간을, 군대에 알고리즘 역량을, 기업에 물류 서비스와 기계학습을 제공하며 명실상부 클라우드 컴퓨팅계를 좌지우지하고 있다. 아마존을 통해 데이터를 정리하고 저장하는 기업과 정부가 점점 늘어나는 상황에서 데이터도 실물 상품만큼 인프라가 많이 요구되기 때문에 매년 더욱더 거대한 데이터 센터가 신설되고 있다.[38]

구글의 "지식 독재", 페이스북의 "소셜 산업"처럼 아마존의 "물류 공룡화"도 갈수록 전체주의적 경향이 커지고 있는 경제 현실을 보여준다.[39] IT 대기업 간 제휴가 늘어나고 또 그 기업들이 다양한 정부 기관과 계약을 맺음에 따라 데이터에 기초한 의사결정으로 조화로운 사회를 만들겠다고 하는, 다분히 파국적이지만 장밋빛으로 포장된 기괴한 자본주의 정치국(정치국은 본래 공산당의 최고 정책 결정 기관을 가리키는 말이다─옮긴이)이 만들어지고 있다.[40] 이런 미래가 실현된다면 수탈의 주요한 수법이 임금 농간에서 데이터 포획으로 바뀔 것이라고 봐도 무방하다. 그때는 플랫폼 자본이 더는 노동에 의존하지 않고 사람들의 습관적이고 일상적인 행동을 통해 발생하는 사회적 활동에 의존하게 될 것이다.

거대 플랫폼들이 물류 창고, 배송, 인력 관리, 의료, 금융을 비롯해 수많은 서비스를 자동화하려고 하는 현실에서 우리는 이미 발아한 미래를 엿볼 수 있다. 그 미래에서는 세상의 모든 것에 손을 뻗친 초거대 복합기업들이 생산수단을 장악한 채 더는 사람을 고용하지 않을 것이다. 그러면 사람들의 주된 역할은 그날그날의 활동으로 기계에 데이터를 공급하는 일이 될 것이다. 물론 임금도 사실상 폐지될 것이다.

이런 상상 속 미래가 이미 미세노동의 세계에 성큼 들어와 있다. 미세노동에서는 작업 자체보다 작업과 관련된 데이터가 더 중요시된다. 이제 노동이라는 생산 활동은 부차적인 것으로 전락했다. 물론 노동이 완전히 사라진 것은 아니지만 그 양상은 확 바뀌었다. 노동을 점점 더 무가치하게 보는 시스템은 더 이상 일자리를 창출하지 않고, 그래서 소득이 절실한 노동자들은 어쩔 수 없이 깨어 있는 시간 내내 돈벌이에 매달릴 수밖에 없다. 그 결과로 노동이 모든 사회적 활동에 스며들게 된다. 이에 제이슨 E. 스미스는 전 세계적으로 "하인 경제servant economy"가 도래할 조짐이 보인다며 "상업주의가 일상의 숨구멍마다 깊이 침투해 그것을 거부하는 것 자체가 범죄로 간주될 것이다. 그러면 아무 대가 없이 키스하는 사람들이 19세기 밀렵꾼과 같은 취급을 받을 것이다"라고 경고하고 있다.[41]

미세노동자들은 자기도 모르는 사이에, 혹은 알면서도 어쩔 수 없이 그런 세상을 만드는 작업을 수행한다. 이제 그런 미래상은 단순한 예측의 수준을 넘어, 비참한 서비스 노동이 주를 이루는 작금의 침체된 경제를 왜곡해서 보여주는 이 미지가 됐다. 경제의 주도권은 점점 더 권위주의적으로 변해 가는 국가-시장의 결합체가 쥐고 있고, 이 결합체는 최근 몇 년 사이에 AI 산업을 통해 믿음직한 참모를 얻었다. 이 대목 에서 자연스럽게 중국이 떠오른다. 중국 정부는 사회신용 시 스템이라는 미명하에 전국적으로 안면인식, 생체 인식, 개인 장비 추적 기술을 동원해 순응에는 보상을, 반발에는 처벌을 내리는 탄압 정책을 펴고 있다.

마찬가지로 실리콘밸리에서도 권위주의적 충동이 꿈 틀거린다. 컴퓨터 과학자 커티스 야빈Curtis Yarvin, 페이팔의 흡혈귀 같은 공동 창립자 피터 틸Peter Thiel(젊은이의 피를 수혈 하는 노화 방지 기술에 관심을 표했다—옮긴이), 파시스트 정치 선 동가 스티브 배넌Steve Bannon을 필두로, 여기에 신반동주의 예언자 닉 랜드Nick Land의 사상을 추종하는 극우 세력이 결 집하고 있다. 가속주의(현재의 사회적 변화를 극한으로 밀어붙여 또 다른 급진적인 사회적 변화를 일으켜야 한다는 주의—옮긴이)에 기반을 둔 랜드의 이론은 AI의 도움으로 자본이 인간의 삶으 로부터 완전히 이탈하는 "도주 작용"을 의기양양하게 전망 한다.[42]

이 악몽 같은 시나리오 속에서는 자본과 노동의 대립

이 자본의 지배라는 암흑 속으로 사실상 사라져버린다. 그 속에서 꿈틀거리는 것은 민주주의를 자동화된 사회의 원활한 작용을 방해하는 악으로 규정하고, 민주국가를 CEO 지배 체제로 대체하자고 주장하는 신반동주의적 견해다. 황당무계한 소리로 들리겠지만 이런 사상은 실리콘밸리 엘리트 층의 전유물에만 그치지 않는다. 닉 다이어-위데포드Nick Dyer-Witheford의 표현을 빌리자면 "AI를 둘러싼 문화의 일부분"으로 존재하게 될 것이다.[43]

닉 랜드의 파시즘적 악몽에 깃든 득의만만한 운명론을 우리가 거부한다고 해서 문제가 사라지진 않는다. 그만큼 극단적이진 않아도 자동화가 꾸준히 우리의 침체된 경제에 침투하는 시나리오가 실현되면 그 역시 인류에는 크나큰 비극이다. 아마 실리콘밸리 엘리트 중에서도 온건한 축에 속하는 이들이 그리는 세상이 그런 비극적 낙원일 것이다. 그리고 아이러니하게도 그 낙원의 건설을 돕는 이들이 바로 애픈, 플레이먼트, 메커니컬터크의 노동자들이다.

이들은 자율주행차와 스마트시티를 가능케 하는 알고리즘을 위한 데이터를 처리하면서 자기도 모르게 자신과 타인의 일을 사라지게 만들고 있다. 그들이 처리하는 데이터를 토대로 패스트푸트 노동자를 대체하는 챗봇, 배달원을 대체하는 배달봇, 공장 노동자를 대체하는 소등 제조lights-out manufacturing(불을 끄고 제조한다는 의미에서, 인간 노동자를 필요로 하지 않는 제조 방식을 가리킨다—옮긴이)가 가동된다. 그들이 감독하는 알고리즘 때문에 결국 감독자와 관리자는 불필요해진다. 구글과 페이스북은 콘텐츠 검열자들의 최종적인 역할이 바로 그들의 일을 자동화하는 데 있다는 점을 굳이 숨기지 않는다.[44]

이런 식으로 미세노동자들은 노동의 잉여화를 촉진하는 비극적 역할을 수행한다. 이에 아론 베나나브와 존 클레그John Clegg는 "이미 잉여 인구의 흡수에 대한 질문은 모두 잠잠해졌다"라면서 "이제 잉여 인구는 관리의 대상으로만 존재한다. 그들은 감옥에 격리되고, 빈민가와 난민촌에 고립되고 (중략) 전쟁으로 소멸된다"라고 암울한 현실을 말한다.[45] 이 난민, 재소자, 강점지 주민들은 이제 법이나 상황에 의해서 미세노동으로 밀려나 다른 사람들마저 잉여로 만드는 암울한 노동을 수행해야만 한다. 케냐 다다브의 난민들, 핀란드 교도소의 수감자들, 러스트벨트의 실직자들 모두가 더 많은 잉여 인구를 만들어내는 잉여 인구의 증거다.

5장

Work without the Worker

미래는
배제된 사람들 손에
달렸다

지금 우리에게는 상상이 필요하다. 지난 10년간 자본주의를 넘어 세상에 대한 유토피아적 상상을 한 사람은 많았다. 하지만 "누가 그런 세상을 실현할 것이냐"는 문제를 진지하게 고민한 사람은 별로 없었다. "비전이 없는 운동은 맹목적이지만, 운동이 없는 비전은 훨씬 더 무기력하다."

그렇다면 스스로 취업의 발판을 파괴하고 있는 노동자들을 조직화하는 것이 가능할까? 이에 답하기 위해서는 질문의 범위를 좀 더 넓혀야 할 것 같다. 나날이 증가하는 비공식 노동자, 일용직 노동자, "미세사업가"에게 과연 이전에 노동자 계층이 벌였던 것과 같은 강력한 노동운동을 전개할 힘이 있을까? 폭동, 살쾡이 파업(노동조합의 승인 없이 벌이는 파업 — 옮긴이), 폭력 시위는 유구하고 파편화된 잉여 투쟁의 역사에서 짧은 순간들에 지나지 않는다. 마르크스 이후로 많은 저술가가 이런 류의 투쟁은 어느 시대에든 반동적 충동에 이용될 수 있다고 경고했다.[1] 아울러 "룸펜"(반동 세력에 악용될 수 있는 최하층 계급 — 옮긴이)이 조직화되지 않으면 "지옥 정치"가 도래할 수 있다고도 말한다.[2]

지옥의 불길은 이미 거세게 번지고 있다. 자이르 보우소나루(브라질 대통령), 나렌드라 모디(인도 총리), 도널드 트럼프 같은 신파시즘의 주술사들이 준동하는 가운데 피박탈자들과 사회적 지위를 잃은 중산층의 유서 깊은 동맹이 다시금 존재감을 과시하고 있고, 그에 따라 점점 더 많은 사람이 안정과 희망을 좇아 반동 세력에 영합하고 있다. 그리고 이 지옥의 불길은 이제 21세기적 삶에 당연한 요소가 된 폭동과 봉기에 의해 도시 곳곳을 태우고 있다. 산티아고의 불붙은 버스와 지하철역, 홍콩과 에콰도르와 이란을 뒤덮은 시위, 미니애폴리스와 로스앤젤레스의 시커멓게 탄 경찰서가 보여주듯이 미래가 없는 사람들이 연출하는 장관이 밤을 불태운다.

이렇게 불우하고 불안정한 사람들이 조직화되지 못한 채 반동 세력의 하수인이 되거나 시스템의 변방에서 간헐적으로 폭동을 일으키는 수준에만 머물러 있는 것은 매우 위험한 현상이다. 더군다나 이 무수한 잉여 인구가 자본에 재편입될 수 있는 시나리오마저 존재하지 않기에 위험성은 더욱 커진다. 신자유주의 시대가 우울한 대미에 접어들면서 잉여 인구를 해결하기 위한 전략들에서 불길하게도 맬서스주의적 (인구는 기하급수적으로 증가하지만 식량은 산술급수적으로 증가하기 때문에 식량 부족이 필연적으로 발생한다는 학설로, 인구 감소를 위한 방안 중 하나로 저소득층의 자연적 혹은 인위적 감소를 주장한다—옮긴이) 시각이 반영되고 있다.

이 죽음 숭배에 가까운 인식을 가진 자들이 현재 빈민가, 전쟁, 부채가 서서히 야기하고 있는 파멸과, 오늘날 기후 재앙이 급속히 야기하고 있는 종말을 저지할 방법으로 제시하는 것이 있다. 금융, 사업, 노동에 그저 단순히 "미세micro"(이 책에서는 "microwork"를 "미세노동"으로, "microfinance"를 "소액 금융"으로 번역했다—옮긴이)라는 접두사를 붙이는 것이다. 하지만 미세만능주의라 할 이 음침한 해법은 실리콘밸리와 월스트리트 부호들의 욕심만 드러낼 뿐이다. 그들의 헛된 약속이 사실상 불우한 이들을 다시 인간다운 삶에 편입시키겠다는 대의가 있어야 할 그 자리를 차지하고 있다.

마찬가지로 미세노동 사이트가 약속하는 "일자리"와 "능력 개발"이 바로 이 책에서 그 허구성을 폭로하고자 하는 공허한 약속이다. 그런 헛된 약속 때문에 미세노동 사이트에서 지금까지 대규모 동맹 파업이나 데이터 및 알고리즘에 대한 파괴 행위가 발생하지 않은 것이다. 아니, 오히려 노동자들은 자신들의 잉여성에 대한 논의가 무색할 만큼 얌전히 자기 할 일만 하고 있다.

그렇다면 과연 미세노동자들에게 자본의 횡포를 조금

이라도 막을 수단이 있는지 의문이 들 수 있다. 물론 충분한 인원이 가세한다면 파업을 통해 시스템 전체에 파문을 일으키는 것이 가능하다. 그렇게 된다면 벤처캐피털이 주춤하고, AI 사업이 휘청거리고, 알고리즘이 달갑지 않은 결정을 내리고 위험한 실수를 범할 것이다. 대규모 파업까지 갈 것도 없이 콘텐츠 검열자들만 파업에 돌입해도 당장 사용자들의 피드에 폭력적이고 외설적인 사진이 넘쳐날 것이다.

그러나 이런 집단행동은 불이 붙기도 전에 진압될 게 빤하다. 과거 도널드 트럼프 대통령이 페이스북에서 인종차별적 폭력 행위를 조장하는 것을 알고도 사측이 방관한 사례가 있다. 이에 페이스북 직원들이 파업을 결의했고, 콘텐츠 검열자들이 연대의 메시지를 보냈다. 이 메시지에 그런 노동자들이 감수해야 하는 위험이 잘 요약되어 있다.

우리는 여러분과 함께 파업할 것입니다. 단, 페이스북의 허가가 필요합니다. 우리는 외주 노동자로서 비밀유지계약 NDA에 따라 우리가 깨어 있는 대부분의 시간 동안 무슨 일을 하고 무엇을 목격하는지 공개적으로 말할 수 없습니다. (중략) 페이스북의 정식 직원들과 달리 우리는 비밀유지계약에 의해 우려의 목소리를 낼 수 없기에 우리의 일에서 불가피한 윤리 문제에 대한 공론의 장에 참여할 수 없습니다. 우리는 여러분과 함께 파업할 것입니다. 단, 그럴 만한 여건이 돼야만 합니다. 현재로서 우리 콘텐츠 검열자들은 효과적으로 파업을 수행할 네트워크도, 플랫폼도, 경제적 기반도 없습니다. 더욱이 팬데믹으로 인해 저마다 고립되어 원격으로 세세한 부분까지 관리를 받고 있습니다. 만일 우리가 독자적으로 파업에 돌입한다면 자칫 벌금을 물고 수입을 잃는 것은 물론이고 현재 살고 있는 나라에 계속 살 권리마저 박탈당할지 모릅니다.[3]

미세노동자들이 아무리 강한 반발심을 느낀다고 해도 아바타로 인간을 대체하고, 계정 삭제로 갈등을 말살하고, 비밀유지계약으로 재갈을 물리는 법적·소프트웨어적 장치 때문에 그들은 섣불리 행동에 나설 수 없다. AI에 의해 생산되고 유통되는 것이 늘어날수록 자본은 데이터의 흐름에 영향을 미치는 노동자의 방해 공작에 취약해질 수밖에 없다. 하지만 기계학습이 노동 과정에 더욱 폭넓게 개입해 감시와 게임화를 통해 더 많은 갈등을 진압한다면 방해 공작이 발생할 여지는 줄어든다. 노동자의 집단행동이 싹을 틔우기도 전에 알고리즘으로 짓밟아버리면 노동자의 아우성은 사라지고 소프트웨어 코드의 조용한 콧노래만 남게 된다.

이처럼 노동자가 무기력해진 것이 미세노동에만 국한된 현상은 아니다. 지금은 제2차 세계대전 직후에 비해 시스템의 노동 의존도가 훨씬 낮아졌기 때문에 노동운동 전반에서 그 같은 무기력증이 나타나고 있다. 산업 성장 시대가 황혼기를 맞으면서 노동자의 교섭력이 약화되고 노조 가입자 수도 감소했다. 그리고 버니 샌더스Bernie Sanders와 제러미 코빈Jeremy Corbyn(영국 노동당의 비주류 좌파 정치인으로, 우경화된 당내 주류 세력의 반발에도 불구하고 2015년 노동당 당수로 선출됐으나 2019년 총선 패배의 책임을 지고 사퇴했다—옮긴이)의 집권 시도가 무산된 데서 볼 수 있듯이 대중적인 노동자 정당이 설 자리도 거의 사라졌다. 그런 정당은 노동운동에 의존할 수밖에 없는데 이제는 노동운동의 기세가 쇠잔해졌기 때문이다.

노동자의 대오가 무너진 자리에 플랫폼이 입성해 다시금 자본이 노동자 위에 군림하는 구도를 만들며 초기 산업화 시대를 재현하고 있는 지금, "후기자본주의의 인간 선별 작업"으로 노동운동의 활로가 모두 막혀버렸다는 생각을 지우기가 어렵다.[4]

조합 없는 연합

임금이 아니라 잉여, 배제, 비공식을 특징으로 하는 미세노동 종사자들은 느슨한 형태의 노동자 연합체가 됐든 전형적인 노동조합이 됐든 간에 노동자를 조직화하려는 세력에게 어려운 숙제다. 그들이 전 세계에 산재해 있고 여러 미세노동 사이트에서 일하고 있기 때문에 현실적으로 조직화하는 데 큰 장애물로 작용한다.

미세노동은 기본적으로 임시 노동으로서, 노동자가 사이트에서 일을 하는 날도 있고 하지 않는 날도 있다. 게다가 일을 하더라도 단시간만 일하는 날이 많다. 그래서 월이나 연 단위로 조합비를 받고 조합원 자격을 부여하는 기존의 노조 형태와 충돌한다. 더욱이 미세노동자와 의뢰인 간의 "계약"이 길어야 몇 분, 짧으면 몇십 초 동안만 유지되기에 임금의 변동성이 커서 조합비를 감당할 형편이 안 되는 경우도 많다.

설령 조합비가 큰 문제가 안 된다고 하더라도 대부분의 노동조합은 직업 정체성을 토대로 하는데 미세노동자에게는 그런 정체성이 존재하지 않는다. 미세노동에는 명확히 정의할 수 있는 직업이나 업종이 없다. 지금 우리가 살고 있는 저

성장 경제의 특징인 임시직 일거리들이 그저 느슨하게 연결되어 있을 뿐이다.

영국독립노동자연합IWGB 같은 신생 노동조합에서 직업이 아니라 불안정한 계약을 토대로 노동자들을 조직화하면서 이 삭막한 현실에 몇 가닥의 빛줄기를 비추고 있긴 하다. 그러나 설령 그런 노동조합이 예외가 아니라 대세가 된다고 해도 미세노동자들이 주로 빈민가나 난민촌, 교도소, 강점지에 거주하고 있기 때문에 노동조합의 세력권 밖에 있을 뿐아니라 노동조합에 가담하는 자체가 위험한 행위나 범법 행위로 간주될 수 있다.

이렇게 극단적인 지역에 거주하지 않더라도 미세노동자들은 대체로 침실이나 인터넷 카페 같은 공간에 숨어 있어서 서로에게 잘 보이지 않고, 그들을 조직화할 만한 단체의 레이더에도 잘 걸리지 않는다. 더욱이 지역적으로 너무나 광범위하게 흩어져 있기 때문에 어느 한 장소에 집결하기가 무척 어렵다. 실제로 특정한 노동 플랫폼을 이용하는 노동자의 집단행동이 효과를 거둔 사례만 봐도 동일한 지역에서 서로 만날 수 있다는 점이 중요하게 작용했다. 다음은 영국 배달앱 딜리버루 노동자의 조직화를 주도했던 캘럼 캔트Callum Cant의 설명이다.

딜리버루가 노동력의 공급량을 더욱 늘리기 시작했다. (중략) 점점 더 많은 라이더가 매일 일했지만 전체 주문량은 그대로였다. 당연히 우리는 더 적게 일하고, 더 적게 벌고, 라이더 센터에서 더 많은 시간을 보냈다. 그러면서 배달이 없는 시간에 서로 친해졌다. 내가 일을 하러 라이더 센터에 나가면 나 말고도 5~30명의 노동자가 대기 중인 상황에 익숙해졌다.[5]

노동의 공급량을 대폭 늘려서 노동자를 길들이려던 사측의 노력은 오히려 그동안 파편화되어 있던 노동자들을 단결시켜 조직화하는 계기가 됐다. 노동자들이 서로 대면하는 시간이 늘어나면서 브라이턴, 런던, 사우샘프턴, 뉴캐슬, 옥스퍼드 등 영국의 여러 도시에서 살쾡이 파업의 바람이 강하게 분 것이다.[6] 하지만 이런 일련의 사건이 온라인에서 서로의 아바타만 볼 수 있는 사람들에게서 일어나기는 대단히 어렵다. 노동자의 조직적 움직임이 힘을 받으려면 개방된 만남의 장이 필요한데, 미세노동자들은 지리적 문제도 있지만 소프트웨어가 만드는 경계 때문에 서로 만나기가 여의치 않다.

이런 한계로 인해 미세노동자의 조직적 움직임은 온라인 게시판이라는 그다지 이상적이지 않은 공간에 묶인다. 터커네이션TurkerNation과 엠터크그라인드MTurkGrind의 가입자들, 그리고 종합 커뮤니티 레딧Reddit에 터커와 관련된 글을 쓰는 사용자들은 동료 노동자를 위한 모금 행사처럼 규모가 작고 비적대적인 행동을 전개한다.[7] 이런 행동은 특정한 사이트의 메커니즘을 겨냥할 때 가장 효과적이다.

일례로 터커들은 일방적인 평가 시스템에 반대하며 노동자가 실시간으로 의뢰인에 대한 평가를 게시할 수 있는 터콥티콘Turkopticon(원형 감옥을 뜻하는 '파놉티콘'과 '터크'의 합성어—옮긴이)이라는 웹사이트와 브라우저 플러그인을 개발했다.[8] 의뢰인들도 평가를 받을 수 있다는 경각심을 주는 터콥티콘의 존재만으로도 임금 착취와 같은 부정행위를 방지하는 효과가 있긴 하다. 그리고 이런 플러그인이 의뢰인의 행동을 단속하는 데 도움이 되는 것도 사실이다. 그러나 미세노동 사이트 자체를 변화시키지는 못한다. 또한 그것이 노동자의 집단적 움직임이 가능하다는 증거가 될지는 몰라도 그 자체로 노동자를 대규모로 결집시킬 가능성은 거의 없다. 그 목적이 어디까지나 의뢰인의 행동을 교정하는 데 있을 뿐 노동자의 집단행동을 이끌기 위한 것이 아니기에 터콥티콘은 혁명이 아닌 개혁 수단에 지나지 않는다.

미세노동 사이트의 행동을 교정하려는 시도는 자본의

불량한 행위를 고치려고 했던 다른 시도들과 마찬가지로 그 위력과 범위가 제한되어 있다. 2011년 메커니컬터크 노동자들이 제프 베조스에게 임금 인상과 기능 개선을 요구하는 편지를 쓰는 캠페인을 벌였다. 그 취지는 베조스에게, 그리고 세상 사람들에게 "터커는 살아 있는 인간일 뿐 아니라 존중받고 공평하게 대우받고 개방적인 커뮤니케이션을 보장받을 자격이 있다"고 알리는 것이었다.[9] 어떤 편지에는 "나는 알고리즘이 아니라 인간입니다"라고 명쾌하게 쓰여 있었다.[10]

터커들의 유일한 조직화 사례로 남은 이 캠페인의 발원지는 터커들이 동료 터커들을 결집시키기 위해 개설한 온라인 커뮤니티 "위 아 다이너모 We Are Dynamo"('다이너모'에는 '발전기'와 '정력가'라는 뜻이 있다—옮긴이)였다. 이 커뮤니티가 활성화되는 동안 가입자들은 이런저런 캠페인 아이디어를 올리고 투표를 통해 인기 있는 아이디어를 중심으로 뭉칠 수 있었다. 그 개발자들의 말을 빌리자면, 다이너모의 존재 이유는 "행동에 나설 수 있을 정도의 규모를 갖춘 대중 집단, 곧 조합 없는 연합"을 만드는 것이었다. 다시 말해 다이너모의 존재 이유는 그간 다이너모의 존재를 무시했거나 어떤 사유로든 그 가입자들을 대표하지 못했던 전통적인 노동자 단체들을 대신할 단체를 결성하는 것이었다.[11]

하지만 다이너모는 오래가지 못했다. 다이너모는 메커니컬터크에 작업을 등록해서 신규 가입자가 진짜 터커인지 확인했다. 이를 간파한 아마존은 즉각 다이너모 계정을 삭제함으로써 신규 가입자가 유입되지 못하게 했다.[12] 다이너모의 사례는 미세노동자들을 조직화하려는 시도가 얼마나 허망하게 좌초될 수 있는지 잘 보여준다.

편지 캠페인은 지금까지 터커들이 유일하게 실행에 옮긴 집단행동으로 남아 있다. 이를 통해 메커니컬터크 노동자들이 미디어의 관심을 끄는 데 성공했으니 더 강한 집단행동을 벌이기 위한 초석을 다졌다고 할 수도 있다. 하지만 이 캠페인은 노동자를 조직화하는 것이 아니라 인간화하는 데 그쳤다. 여기서 우리는 원자화되어 온라인의 비공식 커뮤니케이션 수단을 통해서만 만날 수 있고, 어떤 지속적인 행동을 벌이기에는 권력이나 재력이 부족한 노동자들이 부딪히는 한계를 알 수 있다. 그러고 보면 플레이먼트나 애픈 같은 사이트의 노동자들이 이런 캠페인을 시도하지 않은 것도 이해가 간다.

그렇다고 온라인 커뮤니티와 같은 수단을 폄하한다면 안일한 생각이다. 적어도 노동자들이 공동 투쟁을 마음먹도록 하는 효과는 있기 때문이다. 전통적인 노동조합이 쓰는 방법들로는 디지털 세상에서 노동자들이 겪는 고충을 해소할 수 없었지만, 온라인 게시판과 플러그인은 비록 계정 삭제나 불리한 평가, 비밀유지계약이 만드는 공포의 그림자를 완전히 벗어나진 못했을지언정 노동자들이 새로운 형태로 연대하게 만드는 지렛대 역할을 했다. 이제 막 시작된 노동자들의 디지털 공세가 과연 어엿한 노동운동으로 성장할지는 아직 더 지켜볼 일이다.

무임금 투쟁

이 새로운 열망 위에 오래된 질문 하나가 맴돈다. 노동운동이 어렵다면 노동자들은 무엇을 택할 것인가? 폭동이 하나의 답이 될 수 있다. 조슈어 클로버Joshua Clover에 따르면, 지금처럼 성장이 정체되고 금융자본이 경제의 패권을 쥐고 있는 시대에는 "폭동이 잉여 인구의 생존 양식"이다.[13] 클로버는 19세기부터 1973년(제1차 석유파동이 시작된 연도 ― 옮긴이)까지 이어진 생산 중심의 자본 축적 시대가 파업의 전성기였다면, 금융과 물류가 지배하는 현재는 노동조합의 울타리 밖에서 나날이 증가하는 잉여 인구가 폭동을 벼르고 있는 시

대라고 말한다.[14]

　2008년 금융 위기 이후 이 위태로운 집단은 노동력에 대한 수요가 감소하고 물가가 급등하는 현실에 맞서 런던의 폭동, 홍콩과 칠레의 시위 같은 형태로 저항의 파도를 일으켰다. 이런 돌발적 소요 사태는 프란츠 파농의 표현에 따르면 "대지의 저주받은 사람들"의 생생한 항거요, 조직화되지 않은 피박탈자들의 봉기다. 이 집단의 주요 구성원은 임금 없는 삶의 대명사라 할 수 있고, 사회의 변방으로 쫓겨나 국가에 의해 무자비하게 관리되고 탄압받는 이민자와 재소자, 실업자들이다.[15]

　역사의 흐름 속에서 파업과 폭동을 구별하고, 이제 파업이 폭동에 자리를 내줬다고 보는 클로버의 시각은 미세노동이 지금까지 자본에 타격을 입힐 만한 성과를 내지 못한 이유에 관해 솔깃한 해석을 제시한다. 필요 인구가 아닌 잉여 인구, 임금 인구가 아닌 무임금 인구로서 간헐적으로 구글의 알고리즘을 훈련시키는 난민과 빈민, 실업자들이 자신의 위력을 발견하는 곳은 미세노동 사이트가 아니라 피박탈자들의 봉기 속에서라는 것이다. 예를 들어 임금을 받을 가능성이 좋게 말해서 가변적이라고 할 케냐 다다브 난민촌의 미세노동자들은, 클로버의 기준으로 봤을 때 2011년 그곳을 휩쓴 폭동에 가담했을 공산이 크다.[16] 미세노동으로 힘겹게 생존 중인 필리핀 노동자들도 목소리를 내기 위해 산로케 폭동에 합류했을 수 있다.[17]

그러나 클로버는 무임금 투쟁을 단일한 힘으로 보는 실수를 저질렀다. 클로버는 폭동을 그 자체로 이 시대의 역사적 주체로 보았다. "폭동은 잉여 인구를 물색하고, 잉여 인구는 폭동의 팽창 기반이 된다."[18] 하지만 이런 관점은 자본에 의해 잉여로 간주되는 사람들의 주체성을 간과하는 바람직하지 못한 인식으로 이어질 수 있다. 물론 폭동의 궤도에 불가항력적으로 끌려 들어가는 사람들도 있겠지만, 여기서 우리가 주목해야 할 사실은 전 세계 잉여 인구를 좌지우지하는 어떤 단일한 주체나 획일적인 동향이 있는 것은 아니라는 점이다. 오히려 지난 수십 년간 실업자와 하등 취업자의 여러 하위 집단에서 일시적이나마 약동의 수준을 크게 넘어서는 운동이 진개됐다. 이런 투쟁의 궤석이 온라인에서 악착같이 임금을 수렵해야만 하는 사람들의 향후 행동에 일종의 이정표로 작용할 수 있다고 봐도 좋을 것이다.

많은 실업자가 '생산'에는 직접 영향을 미칠 수 없기 때문에 사람과 재화의 '순환'을 막기 위한 중요한 수단으로서 '봉쇄'를 부활시켰다. 1990년대 중반 아르헨티나의 실업자들이 정부에 부에노스아이레스의 저소득층과 실업자에 대한 지원 확대를 촉구하며 인근의 주요 고속도로를 막고 시위를 벌인 피케테로Piquetero 운동이 바로 봉쇄가 대두된 계기였다.[19] 21세기 들어서는 러시아의 해직 건설노동자들이 지원금을 요구하며 도시 진입로를 차단하는가 하면, 방글라데시 탕가일 지역의 실업자들은 코로나 팬데믹 상황에서 인근 도로를 봉쇄하고 식량 지원을 촉구하는 등 봉쇄 전술이 전 세계로 확산됐다.[20]

실업자들처럼 비공식 노동자들도 저항의 수단으로 봉쇄를 잘 이용한다. 인도반도에서는 인력거꾼들이 종종 신체와 인력거로 주요 도로를 막고 시장 현실의 개선을 요구한다. 2019년 방글라데시 다카에서 투기성 재개발 사업지로 선정된 지역 중 한 곳에서 인력거 운행을 금지하자 인력거꾼들이 도시 곳곳을 차단하며 시위를 벌였다. 그로 인해 도시 전역에서 심각한 교통체증이 발생했고, 시 당국은 속히 인력거 금지령을 철회했다.[21] 이처럼 비공식 노동자들이 강경하게 나가야 마지못해 항복하는 것이 기본적으로 비공식 노동자를 업신여기는 공공 기관의 전형적인 행태다. 관료들은 비공식 노동자들이 인간과 물자의 순환을 완전히 중단시킬 위력이 있다는 것을 뻔히 알면서도 그들을 무시하는 행동을 서

습지 않는다.

라틴아메리카에서도 비슷한 사례가 있었다. 신자유주의가 몰락하고 생태계가 파괴된 라틴아메리카에는 생계를 위해 쓰레기 더미를 뒤지는 폐품 수거자들이 수두룩하다. 많은 도시에서 이들을 환경 재앙에 맞서는 전사로 고용했지만, 이들이 법적 지위를 인정받은 것은 폐기장을 봉쇄하는 등 집단행동에 나선 후였다.[22] 로스앤젤레스의 노점상들도 시 당국과 숱하게 전투를 치르면서 비슷한 전법으로 가장 기초적인 법적 보호 장치나마 쟁취했다.

자동차나 석유 산업처럼 분업의 사슬이 촘촘히 엮여 있는 업계가 아닌 이상 위와 같은 행동은 대체로 생산이 아닌 순환을 공격한다. 인도의 비공식 노동계에서 관찰되는 조직화의 양상을 면밀히 분석한 리나 아가르왈라Rina Agarwala는 직접적인 임금 인상이 아닌 복지와 규제, 권리를 강화하는 형태로 재화의 탈상품화를 요구하는 노동자들에 관해 규명했다.[23] 이를테면 비공식 노동자는 누군가와 고용 계약을 맺은 것이 아니기 때문에 그들의 요구는 대체로 국가를 상대로 하게 마련인데, 인도의 비공식 노동자들의 경우 주로 도시의 순환을 방해함으로써 정부의 양보를 얻어냈다. 인도뿐만 아니라 다른 나라들도 마찬가지다. 브라질의 집없는노동자운동

Movimento dos Trabalhadores Sem Teto, MTST은 버려진 땅을 점거한 후 빈민가 외에는 살 곳이 없는 사람들에게 양도하는 방식으로 투기성 부동산 개발을 저지하고, 이를 통해 전략적으로 민간 주택의 순환을 차단한다. MTST는 이렇게 주택 시장을 교란함으로써 도시 개발계획에 피박탈자들의 이익이 반영되도록 만들었다.

이상으로 국가와 시장의 결합체로부터 배척당한 이들이 투쟁을 통해 다소나마 주민으로서 권리를 획득한 사례들을 살펴봤다. 플랫폼들이 도시 비공식 노동시장의 논리와 참여자를 자본 축적 체계의 핵심에 편입시킴에 따라 발생한 노동자의 요구와 전략에는 당연히 "자영업" 행상, 인력거꾼, 배달원의 요구와 전략이 투영될 수밖에 없다. 그렇기 때문에 이런 전술이 현재 플랫폼 경제에서 일어나고 있는 새로운 투쟁의 물결에서 두드러지는 것도 어쩌면 당연한 현상이다.

비공식 노동자들의 시위 가운데 가장 주목할 만한 사건은 코로나로 심각한 타격을 입은 라틴아메리카에서 일어났다. 2020년 7월 배달원 5000명이 브라질의 대도시 상파울루를 뒤덮으며, 플랫폼 자본에 대한 시위로는 역대 최대 규모를 자랑하는 집단행동을 벌였다.[24] 일명 "모터보이"로 불리는 이 배달원들은 전기자전거를 타고 도시 전역에 물건을 배달하는 중요한 역할을 하지만, 그들의 존재는 그리 환영받지 못했다.

이들은 대부분 상파울루 빈민가에 거주하는 아프리카계 브라질인으로, 매일같이 자신이 소모품에 불과하다는 자괴감을 느끼고 있다. 그 이유는 생계를 이어가기에 턱없이 부족한 임금 때문이기도 하지만 교통사고와 폭행 같은 야만적 행위 때문이기도 하다. 그 야만의 희생자가 얼마나 많은지 도시 곳곳에 사망자를 기리는 흰색 "유령 오토바이"가 매달려 있을 정도다.[25] 하지만 상파울루는 비공식 노동시장이 워낙 크기 때문에 사망한 모터보이를 대체할 사람은 언제 어디에나 존재한다. 메커니컬터크와 플레이먼트에서 일감을 구하는 사람들처럼 모터보이도 비공식 노동과 공식 노동 사이에 걸터앉아 그때그때 바뀌는 의뢰인을 위해 배달 심부름도 하고 우버이츠와 아이푸드iFood를 위한 음식 배달도 하면서 하루하루를 보낸다.

한편, 음식 배달 플랫폼들이 노동력의 공급량을 늘리면서 기존 노동자를 예비 인력으로 강등시키자 칠레, 아르헨티나, 페루 등 남아메리카 전역으로 파업의 물결이 번졌다.[26] SNS와 입소문을 타고 점점 더 많은 배달원이 결집함에 따라 공식 노동운동과는 또 다른 형태의 자발적이고 돌발적인 시위가 발생했다. 여기에 배달원 말고도 같은 지역에 사는 다른 피박탈자들까지 합류하자 노동자와 비노동자의 경계가 흐릿해지면서 분노하고 낙담한 이들의 단일 대오가 형성됐다. 이런 움직임의 진원지인 상파울루에서는 수많은 사람이 몸으로 그리고 탈것으로 교량과 상점을 봉쇄하며 재화의 이동을 중단시켰고, 그러자 애초에는 몇몇 기업에 대한 저항으로 시작됐던 파업이 도시 전체를 마비시키기에 이르렀다. 배달원들은 라틴아메리카와 인도반도 곳곳에서 비공식 노동자들이 사용했던 전략대로 순환을 차단함으로써 도시 전역의 경제활동을 멈추게 했고, 정부가 나서서 그들이 일하는 플랫폼을 규제하도록 압박했다.

여기서 더 나아가 국가에 경제 규제를 요구하는 플랫폼 노동자들의 시위도 잇따랐다. 예를 들면 2018년 케이프타운과 2019년 뭄바이에서 우버 기사들이 유류비 인하를 요구하며 파업을 벌였다.[27] 우버 기사들은 노동의 필수 수단인 차량과 휘발유를 직접 구입해야 하는 만큼 그들의 요구는 재화의 가격과 관련이 있었다. 케이프타운의 우버 기사들은 지속적으로 도심의 주요 도로를 차단하며 목소리를 높였다. 파리의 우버 기사들도 비슷한 전술을 펼쳐 공항으로 가는 길을 막았고, 런던의 우버 기사들은 웨스트민스터(국회의사당과 버킹엄

궁전의 소재지—옮긴이)와 런던교통국 청사로 가는 길을 차단하면서 자신들의 생계를 위협하는 기후 정책에 항의했다.[28]

이 같은 불만과 요구가 향후 미세노동자들의 행동도 촉발할 수 있다. 우버 기사나 비공식 배달원과 마찬가지로 미세노동자들도 순환의 통증을 점점 강하게 느끼고 있다. 노트북, 휴대폰, 인터넷 회선, 전기에 들어가는 비용이 모두 자기 부담이기 때문이다. 만일 이 통증이 참을 수 없는 수준에 이른다면, 예컨대 전기료가 급등하거나 인터넷 속도가 너무 느려진다면 미세노동자들이 우르르 거리로 몰려나와 시위를 벌일지도 모른다.

미세노동자의 저항은 데이터의 순환을 차단하는 디지털 봉쇄의 형태가 될 수도 있다. 그러면 이런 의문이 생긴다. 디지털 자본이 존재하는 비가시적 공간에서 봉쇄는 구체적으로 어떻게 실현될 것인가? 수많은 데이터 라벨링 노동자가 키보드와 마우스에서 손을 뗀다고 해도 파업자들을 대신해 작업할 노동자는 얼마든지 있을 것이다. 우버나 딜리버루와 달리 미세노동 사이트는 지역에 구애받지 않고 자사가 서비스 중인 모든 국가에서 노동력을 조달할 수 있기에 노동자의 수가 보통 수백만 명에 이르고 지금 이 순간에도 계속 늘어나고 있다. 따라서 대다수가 참여하지 않는 이상 집단행동은 오히려 불참자들의 작업 선택지만 늘려줄 뿐이다.

다른 영역의 비공식 프롤레타리아트가 보여준 행동처럼 미세노동자들도 단순히 발을 빼는 것 이상으로 순환을 방해할 수단이 필요하다. 즉, 치밀하게 작업을 방해할 수 있는 행위가 필요하다. 그 형태는 대대적 태업이 될 수도 있고 지속적이고 광범위한 '기계 파괴'가 될 수도 있을 텐데, 후자는 이미 오래전부터 사용됐던 전술로 보통은 반란에 가까운 집단행동으로 전개된다. 19세기 영국 섬유업계에서 전투적으로 투쟁했던 러다이트 운동이 그런 행동을 단행했던 대표적 집단으로, 그들은 "배후에 있는 혁명적 목표가 실현될 가능성에 끊임없이 전율"을 느꼈다.[29]

디지털 세상에서 '기계 파괴'는 어쩌면 상징적 표현에 불과할지도 모른다. 그렇다면 데이터 파괴는 빅토리아시대에 방직기를 때려 부수던 행위와는 분명 다르게 나타날 것이다. 데이터를 실제로 파괴하는 게 아닌 동시다발적으로 데이터 작업을 무산시켜 일시적으로 데이터의 전송을 막는 행위가 봉쇄에 더 가깝다. 어차피 데이터는 방직기와 달리 누군가가 차지한다고 해서 다른 사람이 차지하지 못하는 것도 아니고 어디에나 존재하며 끊임없이 복제될 수 있기 때문에 파괴 자체는 실효성이 없다. 하지만 일시적으로 흐름을 막기만 해도 지금처럼 알고리즘이 지배하는 세상에서는 매력적인 무정부주의적 투쟁법이 된다.

그런데 여타의 온라인 집단행동과 마찬가지로 이 또한 충분히 많은 노동자가 참여해야 한다. 그래야 단 한 명이라도 처벌을 받는 불상사가 생기지 않는다. 러다이트 운동은 복면을 쓰고 야음을 틈타서 기계를 부쉈지만 알고리즘을 "부수는" 것은 그처럼 은밀하고 기민하게 이루어지기가 어렵다.[30] 사이트의 면밀한 감시를 받는 미세노동자들이 행동에 나서는 순간 저지당할 수 있기 때문이다.

무임금 운동?

불안정한 무임금 노동을 수행하며 소모품으로 취급받고 파편화되어 있는 노동자들이 단시간에 지금과 같은 현실을 타개할 방법은 사실상 존재하지 않는다.

도시의 폐기장을 봉쇄하는 폐품 수거자들, 바퀴를 멈추고 싶지 않은 모터보이들, 그리고 아직 운동을 시작하지도 않은 미세노동자들이 저항으로 뜻한 바를 이루려면 더 넓게 연합 전선을 펼치는 것이 중요하다. 이제 무임금 생존은 전 세계적으로 수많은 사람의 숙명이 됐고, 여기서 우리는 중요한 문제를 마주하게 된다. 임금 노동의 언저리에 있는 사람들이 과연 산업 노동자 계층만큼 강력한 운동을 벌일 수 있는가 하는 것이다. 이 거대한 집단이 새로운 전략, 새로운 통합점, 새로운 연대 구조를 상상할 수 없다면 사회주의 투쟁의 미래는 불투명하다.

이들이 연합하기 위해서는 다양한 지역, 문화, 정체성의 조각이 존재하는 경제의 퍼즐을 잘 끼워 맞춰야 하는데, 그렇기 때문에 혹자는 그런 연합이 결국엔 좌초될 수밖에 없다고 주장할 것이다. 하지만 집없는노동자운동과 피케테로 같은 사례에서 보여준 전략과 요구 사항을 잘 고려하면 노동자와 실업자, 활동가 모두가 훨씬 폭넓은 무임금 운동을 벌이기 위한 청사진을 그려나갈 수 있다. 그냥 하는 말이 아니라 21세기에 꾸준히 자본에 대한 투쟁이 전개된다면, 나날이 불안정성과 잉여성의 인질이 늘어나고 있는 현실에서 그 투쟁의 선봉에 서는 것은 아마도 임금 노동자가 아닌 무임금 노동자가 될 것이다.

이 같은 연합체가 당연히 형성되리라는 보장은 없다. 범북반구의 대도시에 사는 대학 졸업자들이 빈민가나 러스트벨트에 유폐된 사람들과 똑같은 작업을 수행할 수는 있다.

하지만 그들 앞에 펼쳐진 인생은 민족과 인종을 경계로 갈라지고, 지금처럼 위기가 점점 고조화되는 시국에는 그 간극이 더욱더 벌어지기만 할 뿐이다. 이 스펙트럼의 한쪽 끝에는 서비스 노동자 중에서도 저널리스트 폴 메이슨Paul Mason이 "네트워크로 연결된 개인"이라고 칭한, 이른바 변덕스럽고 전 세계를 자신의 활동 무대로 여기며 불완전 취업 상태에 있는 노동자들이 있는 반면, 다른 한쪽 끝에는 국가의 탄압 대상으로 찍힌 잉여 집단이 있다.[37]

보수가 좋은 일거리를 따내기 위한 국제적 경쟁이 벌어지고 국경을 넘으면 임금의 시세가 달라지는 상황에서는 노동의 경험이 공유되기 어렵다. 그런 점에서 미세노동 사이트들은 성장이 정체되고 과도한 경쟁으로 얼룩진 시스템의 특성을 고스란히 보여준다. 이 시스템 속에서 곪고 곪은 불안정성은 분노를 낳고, 분노는 반동적 움직임에 의해 점점 더 거센 공격으로 표출될 것이다. 그 공격의 대상은 자본의 실패에 대한 책임을 쉽게 전가할 수 있는 가장 취약한 노동자 집단, 곧 여성과 이민자, 소수자다. 따라서 피박탈자들이 다시 "반동적 음모에 매수된 도구"로 전락하는 것을 막으려면 불완전 취업 상태에 있는 베를린의 서비스 노동자부터 상파울루 빈민가의 프롤레타리아트까지 모두를 아우르는 더 광범위한

무임금 노동자의 연합 전선이 형성돼야 한다.[32]

그렇다면 노동자 계층의 연대 속에서 그동안 관심 받지 못한 무임금 노동자 계층의 연대가 가능하려면, 더 나아가 이들이 전 세계적으로 연합해 이 세계를 더 궁핍하게 만들고 완전히 허물어버리려고 하는 시스템에 대항하려면 어떻게 해야 할까? 이렇게 거시적 차원에서 생각하면 요원한 일처럼 느껴질 수 있다. 하지만 그 연대를 이루기 위해 필요한 미시적 차원의 연합, 기관, 요구 사항 등은 이미 역사의 산물로 우리에게 주어져 있다.

I. 무임금 연합

실업률이 급증하는 시대에는 실업자의 조직화를 목표로 하는 운동이 강하게 형성되는 경향이 있다. 제1차 세계대전의 여파로 실직에 따른 빈곤율이 증가하자 영국 대도시에서는 실업자들이 건물을 점거하고 거리를 봉쇄하며 시 당국과 대립하는 사태가 빈번하게 일어났다.

처음에는 그 양상이 지금 우리가 흔히 볼 수 있는 폭동과 비슷했지만, 이후 영국 공산당의 주도로 영국실직노동자 운동National Unemployed Worker's Movement, NUWM이라는 더 광범위하고 지속성 있는 조직이 탄생했다.[33] 그간 단속적으로 발생했던 충돌은 1922년 NUWM의 지원을 받아 전국적인 기아 행진(20세기 초 영국에서 일자리 부족으로 기아를 면하기 어려운 현실을 알리기 위해 벌인 행진 ─ 옮긴이)으로 발전했다. 그에 따라 NUWM의 회원도 급증해 10만 명에 육박했다. 이후 영국 경제가 부침을 겪으면서 참여 회원 수도 증감을 반복하다가 대공황으로 실업자가 증가하자 회원 수가 급속도로 늘어났다. 하지만 실업자 수가 다시 감소세로 돌아서면서 이 운동은 1937년에 사실상 소멸했다.

NUWM이 산발적인 소요를 지속적인 저항으로 발전시킨 방법은 오늘날에도 본받을 만하다. NUWM은 다른 피박탈자 집단들이 취한 여러 가지 행동을 차용하고 발전시켰다. 이들은 셰필드와 글래스고의 주민들로 하여금 노숙자를 증가시키는 당국의 행정에 저항하게 함으로써 세입자의 강제 퇴거를 수차례 저지했고, 강제로 퇴거당한 가정의 가구를 공실에 옮겨다놓는 식으로 빈민가 임내인들의 허를 찔렀다.[34] 그리고 여러 노동조합과 연합해 파업을 지원하고 분쟁을 해결했다. NUWM은 일관된 정치적 입장을 견지하며 〈파시즘의 위험과 실업자〉 같은 소책자를 배포하는 등 반파시즘 교육과 행동으로 룸펜의 반동적 기류를 진압했다.[35]

물론 NUWM이 지금은 해산된 영국 공산당의 전성기

에 결성됐고, 회원을 모집하고 조직적 행동을 촉발하기 위해 전투적 전위당론(소수의 엘리트 혁명가들로 구성된 전위당이 상의하달식으로 다수의 노동자를 이끌어야 한다는 레닌의 혁명론—옮긴이)에 기댄 측면이 있었던 것도 사실이다. 그러나 그 지도부는 대체로 실업자 출신들로, 그중에는 노조 결성에 참여한 경험이 있는 숙련 기술자가 많았다.[36] 지금도 이와 비슷한 성격의 운동이 우선적으로 필요하지만 그 형태는 달라져야 한다. '실업자'라는 정체성만으로 조성되는 운동은 단일한 집단과 운명을 같이할 뿐이다. 이는 곧 변덕스러운 노동시장에 운명을 맡기는 것으로, 만일 경제가 몸을 풀고 새로운 시장으로 진입하면서 실업자가 줄어들고 빈약한 형태로라도 '일자리'와 '안정성'에 대한 그들의 요구가 충족되면 운동은 자연스럽게 사라져버릴 것이다.

지금과 같이 성장이 둔화되고, 고용이 회복될 기미가 없는 시대에는 위기가 닥쳐 실업률이 치솟으면 보통은 실업자들이 여러 형태의 하등 취업 상태에 빠지면서 비공식 저임금 노동만 영구적으로 증가하게 된다. 말인즉 실업은 사라지지 않고 그저 허울만 바꾼 채 불안정성, 불완전 취업, 노동 빈곤의 상태가 그대로 유지된다는 것이다. 하지만 그 허울은 얼마든지 바뀔 수 있기 때문에 실업과 하등 취업이 노동력에 대한 수요 감소로 인해 벌어지는 현상으로 동일하게 취급되지 않고 서로 별개의 정치적 문제로 취급되기 쉽다. 그러므로 '실업'보다 '포괄적인 정체성'을 근거로 운동을 조직해야만 임금 노동으로부터 축출된 사람들을 모두 연합할 수 있다.

포괄적인 정체성에 대한 힌트는 브라질의 집없는노동자운동에서 찾을 수 있다. 앞에서도 말했듯이 이 운동은 '공식 노동자, 비공식 노동자, 불완전 취업자, 실업자'가 더 나은 주거 공간을 확보해야 한다는 기치 아래 단결, 투쟁하게 만든다.[37] 집없는노동자운동은 표면적으로는 회원들에게 공식적인 거주지를 공급하는 것을 목표로 하지만, 실질적으로는 상파울루의 저소득층을 동원해 다수의 정치적 전선에서 국가와 자본에 맞설 수 있도록 한다.[38] 살 만한 집을 달라는 요구는 피박탈자들을 응집시키는 구심점이자 공동 투쟁을 위한 대의로 작용하고, 그것이 모터보이와 미세노동자의 생존 본능을 자극할 수 있다고 봐도 무방할 것이다.

II. 무임금 센터

이처럼 더 광범위한 연합체가 형성되려면 임금 노동으로부터 추방당한 사람들이 파업이나 시위와 별개로 물리적 공간에서 만날 수 있어야 한다. 큰 틀에서 보면 불안정한 피박탈자에 속하지만 서로 이질적인 이들 집단이 직접 만나고 교감하게 할 방법은 노동자센터에서 찾을 수 있다.

미국 전역에서 일용직 이민 노동자를 지원하는 노동자센터는, 타국에서 저렴한 노동자로 불려와서 미국 경제의 변방으로 밀려난 사람들에게 만남의 장을 제공하며 "조합 없는 연합"을 가능케 한다. 폴 아포스톨리디스Paul Apostolidis는 《시간 확보전The Fight for Time》에서 많은 지면을 할애해가며 노동자센터가 경쟁과 가변적인 근무 일정 때문에 분열될 수 있는 사람들에게 "활력과 공생적 지원"을 제공하는 비자본주의적 사교 공간으로 작용한다고 설명했다.[39]

노동자센터는 현재 미국 전역에서 약 200개소가 운영 중이며 노동자들이 상담을 받거나 고용주에게 대항할 방법을 모의하는 등 다양한 목적으로 사용된다. 무엇보다 주이용자가 비공식 노동자인 만큼 정부 기관처럼 이념의 제약을 받지 않고 노동조합처럼 특정한 노동자 집단에 매이지도 않는다. 그래서 이용자들을 정치적으로 교육시킬 수 있고 실제로도 그렇게 많이 활용한다.

노동자센터는 일용직 노동자뿐만 아니라 모터보이, 티슈 장수, 온라인 작업자 등 비공식 노동자들 사이에서도 유대감을 형성하는 장소가 될 수 있다. 이들은 다 같은 프롤레타리아트임에도 시장이 주입하는 유아론(세상에 실재하는 것은 오직 자기 자신뿐이라는 철학—옮긴이)에 빠져 자신과 비슷한 생존 투쟁을 벌이는 사람들의 존재를 잘 인지하지 못한다. 하지만 인도의 델리, 카르나타카, 마하라시트라처럼 미세노동자들이 밀집된 지역에 센터가 생긴다면 그들이 온라인 커뮤니티에 고립되어 있을 때보다 더 유의미하고 더 지속성 있는 형태로 만날 수 있을 것이다.[40] 즉, 사람들이 직접 만날 수 있는 오프라인 센터가 세계 곳곳에 생기고 그 센터들이 온라인상에서 연계된다면 더 광범위한 운동을 전개하기 위해 필요한 공감대가 한층 쉽게 형성될 수 있다.

이런 센터는 노동자를 정치적으로 교육하는 데에만 그치지 않고 오랫동안 자본에 외면당한 사람들이 서로 도울 수 있는 환경을 조성함으로써 더 급진적인 역할을 수행할 수 있다. 센터에서 음식, 서비스, 주거 공간을 제공한다면 사회주의 역사에서 전설로 통하는 '이중 권력' 체계를 구현하는 일도 가능할지 모른다. 본래 이중 권력은 레닌이 러시아 내에 소비에트와 임시 정부가 공존하는 현상을 두고 한 말이지만, 현재 비공식 노동자의 연대와 상호부조를 위한 단체들에서 드러나는 '한계'를 극복하기 위해서도 필요한 체계다.

여기서 말하는 한계란 단체들이 대체로 자금을 대주는

기관의 이해관계나 "서비스 제공자"의 기대에 얽매여서 비정치적인 조직으로 남게 되는 문제다. 하지만 여기에 정치 교육과 조직화라는 기능이 더해진다면 인간의 필요와 욕구 해소에 대한 전권을 달라고 지겹도록 부르짖는 시장에 맞설 힘이 생길 것이다. 이렇게 상호부조와 정치력이 공존하는 이중 권력 체계가 굳건히 자리 잡으면 "권력이 연대 단체들로 이전되고, 사람들이 매일같이 그곳에서 실질적인 도움과 통솔을 받"으면서 "공식적으로 이 단체들이 법에 정해진 표면적인 국가 권력 구도에 맞서지 않으면서도 대안 정부로 기능할 것"으로 기대된다.[41]

III. 요구 사항

범북반구 좌파들의 정치적 상상력에 다시금 불을 붙인 최근의 급진적 요구들은 주로 그들 내부에서 나오거나 임금 노동의 언저리에 있는 사람들에게서 나왔다. 특히 코로나 위기가 최고조에 이르러 자본이 잠시 동면에 들어가고 상당수의 노동자가 어떤 형태로든 국가 지원에 의존하게 되면서 그런 요구가 빗발쳤다. 잉여로 간주되던 사람들이 바이러스 감염에 의해서든 굶주림에 의해서든 생존의 위기에 직면하자, 어제만 해도 너무 급진적이라거나 이미 옛날에 다 끝난 이야기라고 치부하던 것들을 요구하며 싸울 수밖에 없게 된 것이다.

이들의 요구는 임금 인상이 아니라 주로 복지(주거, 식량, 의료, 교육)에 초점이 맞춰져 있다. 임금이 최대 관심사가 아니라는 점에서 인도 등지의 비공식 노동자들과도 크게 다르지 않다.[42] 이들이 요구하는 것은 따지고 보면 임금을 넘어선 세상이다. 그것은 사회주의에 가까운 수준으로 삶이 탈상품화된 세상이다.

세상에서 가장 불안정한 사람들이 질병과 봉쇄령 때문에 그 어느 때보다 전기료나 집세 내기가 힘들어지고, 그래서 실제로도 납부를 거부하자 어쩔 수 없이 정부가 개입해 보조금을 지급해야만 했다. 이 파동의 중심에 주택 시장이 있다. 그러잖아도 물가 인상, 젠트리피케이션, 빈민 증가가 서서히 진행되며 위기가 고조되는 상황에 팬데믹까지 겹치자 전 세계 수많은 사람이 집세를 감당할 수 없게 됐다. 그중에서 상당수가 집세를 내는 것과 음식을 사는 것 중에서 후자를 택하고 집세의 감면과 강제 퇴거의 일시 중단을 요구했다. 영국, 미국, 남아프리카공화국, 브라질, 스페인, 캐나다, 프랑스, 호주에서 유례없이 많은 파업이 발생했다.[43]

한편, 소득이 감소하거나 상실되자 의료 서비스가 가장 절실한 시기에 많은 사람이 의료 서비스를 이용할 수 없게 됐다. 스페인 정부가 2차 봉쇄령을 내리자 마드리드에서는 더 질 좋은 의료 서비스를 더 저렴한 가격에 제공하라는 시위가 일어났다. 스페인 동부의 바르셀로나에서는 시민들이 "의료 지원 확대, 군대 감축"과 "의료 지원 축소는 살인이다"라고 쓴 피켓을 들고 거리로 나섰다.[44] 그만큼 격렬하진 않아도 다른 유럽 국가와 미국에서도 시민들이 비슷한 요구의 목소리를 높였다.

정부는 물론이고 민간의 식품 공급 사슬과 유통업체들은 사실상 이런 초대형 위기에 대응할 준비가 되어 있지 않았다. 감염에 대한 공포와 봉쇄령으로 사람들이 이성을 잃고 물건을 사재기하자 전 세계적으로 대형 마트들이 재난 영화에나 나올 것처럼 텅텅 비워졌다. 가뜩이나 생계를 유지하기 어려운 많은 사람들이 이제는 상호부조 단체에 의지할 수밖에 없었다. 곧 영국 정부는 전 가정에 생필품을 무료로 지급하라는 압박을 받았다. 더 나아가 전 국민에게 매주 일주일치 식량을 제공하고 무료로 배달 음식과 식당을 이용할 수 있는 기본식량제를 실시하라는 요구도 터져 나왔다.[45]

그중에서도 가장 급진적인 목소리가 아우성으로 확대된 것은 흑인 남성 조지 플로이드George Floyd가 백인 경찰에 체포되던 중 질식사당한 사건이 발단이 됐다. 흑인들은 이미 오랫동안 국가의 탄압을 받고 경제적으로도 방치돼 있었는데, 그것도 모자라 바이러스까지 기승을 부리는 와중에 다시금 흑인의 억울한 죽음을 경험하자 더 이상 참을 수 없었다. 흑인으로서 무지막지한 삶의 무게를 참아내던 사람들이 백인우월주의의 망동에 들고일어나자 역사는 시위와 폭동의 불길에 휩싸였고, 경찰 예산을 삭감하라는 요구가 불호령처럼 떨어졌다.

이 목소리는 곧 대서양을 건너 유럽으로, 다시 전 세계로 뻗어나가 자본의 행동 대원들에 의해 삶이 질식당할 위기에 처한 사람들 말고도 수많은 사람에게로 번져갔다. 그들의 요구는 경찰의 만행을 끝내는 것 그 이상의 의미를 갖고 있었다. 태생이 사유재산에 위협이 되는 불운한 자들의 폭동을 저지하기 위해 일하는 기관인 경찰은, 인종차별적 시각에서 잉여 인구를 범산복합체에 합류시킨다는 경제적 목적을 효과적으로 달성할 수 있는 방향으로 발전한 조직이다. 유죄 선고를 받은 재소자는 형벌의 일환으로 푼돈을 받거나 아무런 보수도 받지 못하고 강제 노동을 당하는 무임금 노동자가 된다. 출소 후에도 전과자는 계속해서 남들보다 적은 임금을 받고, 노동조합이나 파업에 참여할 확률은 희박하다.[46] 따라서 경찰 조직과 교도소는 미국 임금 시스템의 필수 요소이고, 조

슈어 클로버는 이를 "경찰이 자본을 만든다"라고 절묘하게 꼬집었다.[47]

경찰 예산을 삭감하라는 요구에는 그간 은밀하게 임금 파괴 공작을 일삼아온 자본의 역사가 담겨 있다. 이는 지금도 이어지고 있는 '가사노동에 임금을 지급하라' 운동과 맥을 같이한다. 이 운동의 취지를 명확히 설명하기 위해 실비아 페데리치는 〈가사노동에 대항하는 임금Wages against Housework〉이라는 제목의 소논문으로 그 메시지를 재정립했다(페데리치는 이 논문에서 가사에 임금이 지급되면 가사가 더 이상 여성의 당연한 의무가 아닌 노동이 되고, 그러면 여성이 그 노동을 거부할 권리가 생기면서 더욱 당당한 사회의 구성원이 될 수 있다고 주장했다―옮긴이). 소피 루이스Sophie Lewis는 이 운동의 취지가 "청구액을 합산하는 것", 곧 가사노동에 대한 기본소득을 쟁취하는 것이 아니라 "임금 사회에 대한 공격"에 있다는 도발적인 주장을 펼치면서 "이것은 아주 진한 블랙 유머, 도발, 반란 모의"이고 그 최종 목표는 유토피아적 지평을 가능케 하는 것이라고 썼다.[48] 경찰 예산 삭감에 대한 요구도 마찬가지로 명시적으로 드러나진 않지만 무임금적 지평을 지향한다.

따라서 이런 요구는 기본적인 생존 요건을 충족하기 어려운 사람들의 자연스러운 주장이라 할 수 있다. 날로 늘어나는 그들이 요구하는 것은 의료, 수도, 전기, 집, 음식의 무료화, 그리고 불필요하고 폭력적인 제도의 척결이다. 이를 종합하면 숨어 있는 유토피아적 지평이 드러난다. 누군가는 이것을 보편적 기본 서비스라고도 부른다. 보편적 기본 서비스란 인간의 생존에 필수적인 서비스가 사용 시점에 무상으로 제공되고 민주적으로 책정, 관리되는 것이다.

그러나 피박탈자들의 요구는 여기서 그치지 않는다. 그들은 모든 사람이 단순히 생존할 수 있는 수준이 아니라 잘 살 수 있는 수준으로 교육과 의료, 음식, 복지 혜택을 받는 세상을 원한다. 따라서 그들의 요구 하나하나는 지금처럼 소수만 풍요롭고 다수는 결핍된 세상과 정반대로 모든 사람이 필요한 것을 골고루 나눠 갖는 세상에 대한 전망의 단편들이라 할 수 있다.

피박탈자들의 행동과 요구를 구체적 유토피아의 청사진으로 해석하는 것이 아직은 섣부른 생각일지도 모른다. 하지만 지금은 과거 어느 시대보다도 그런 상상이 시급한 시대다. 사실상 자본주의라는 경제체제는 원래부터 갈등과 대립이 난무하며 언제라도 무너질 것처럼 위태로운 시스템이긴 했다. 그런데 이제는 이 시스템의 존속이 정치적 차원에서뿐만 아니라 존재론적 차원에서도 의문시되는 실정이다. 그 존재 자체가 지워질 위기에 처한 것이다.

기후 재앙과 팬데믹이 만든 최근의 자본주의 지옥에서는 무한한 성장에 대한 약속이 그 어느 때보다도 미심쩍게 느껴진다. 제아무리 실리콘밸리가 기적에 가까운 기술을 선보이고, 비록 다수의 삶과는 무관할지언정 주식시장이 천정부지로 상승한다 해도 이제는 무한한 성장이 점점 불가능하게만 느껴진다. 지금까지는 이 시스템이 날로 적대적으로 변하며 우리 삶을 버틸 만하게 해주는 것들을 끊임없이 빼앗아갔어도, 대다수의 사람은 저항하지 않고 인내하며 살아왔다. 그러나 이런 상태가 지속된다면 조만간 이 세상이 버티기 어려운 정도를 넘어 아예 사람이 살 수 없는 곳이 되어버릴지도 모른다.

지금 우리에게는 상상이 필요하다. 지난 10년간 자본주의를 넘어 세상에 대한 유토피아적 상상을 한 사람은 많았다. 하지만 "누가 그런 세상을 실현할 것이냐"는 문제를 진지하게 고민한 사람은 별로 없었다. 아론 베나나브는 "비전이 없는 운동은 맹목적이지만, 운동이 없는 비전은 훨씬 더 무기력하다"라고 따끔하게 충고했다.[49]

인류는 미래를 요구하라는 말을 끊임없이 들어왔다.[50] 그리고 그 미래에 대한 비전으로 "완전히 자동화된 화려한 공산주의"라는 기술의 유토피아나 생태적으로 균형 잡힌 "그린 뉴딜" 등이 제시됐다.[51] 그렇지만 역사의 주체에 대한 물음과 누가 인류의 선봉에서 더 나은 세상을 향해 진격할 것인가 하는 영원한 숙제에 대한 논의는 부족했다. 이제 20세기와 같은 노동운동을 재현하는 것은 불가능해 보인다. 우리는 다른 곳으로 시선을 돌려야 한다.

앞서 설명한 "살쾡이 파업"이나 "봉쇄"의 사례에서 현재 물밑에서 형성되고 있는 운동의 진동이 느껴진다. 이를 근거로 앞으로 수십 년간 정치적 행동이 어떤 성격으로 나타날지 짐작할 수 있다. 코로나 사태로 인류가 향후 진로에 대해 원대한 비전을 갖게 됐는지는 좀 더 두고 볼 일이다. 그러나 코로나 사태가 발발한 이후 다양한 차원에서 제기된 요구들을 보면 향후 무임금 운동의 구심점이 될 공통의 비전이 드러난다. 그 운동에는 잉여로 간주되는 수많은 사람이 엮여 있고, 그렇기에 실패한다면 더더욱 희망이 없다. 그러므로 이제 우리는 오랫동안 희망이 없다고 여겨졌던 사람들에게 희망을 걸어야 한다. 미래는 현재의 배제된 사람들 손에 달렸다.

후기

Work
without the
Worker

미세노동이 만드는 유토피아?

임금이 사라진 세상, 노동이 삶의 중심이 아닌
세상, 각자가 언제 무슨 일을 할지 더 자유롭게
선택할 수 있는 세상은 태양처럼 정해진 때에
저절로 등장하는 것이 아니라 우리가 만들어가야
하는 것이다. 영원한 밤으로 진입하고 있는
현 시스템의 기괴한 꿈속에서 우리는 오히려
새로운 새벽의 서광을 본다.

임금이 실종된 시대에 살고 있는 우리는 임금을 넘어선 세상을 상상해야 한다.

미래에 대한 전망은 넘쳐나지만 실리콘밸리발 기적이 횡행하는 시대여서일까. 마치 삼류 SF 작가가 쓴 것 같은 미래의 전망들만 자주 접하게 된다. 4장에서 언급한 닉 랜드 방식의 파시즘에서 기인한 암흑계몽주의의 징조는 섬뜩한 미래상 중에서도 극단적인 예다. 또한 죽어가는 행성인 지구를 과감히 버리고 화성의 붉은 들판으로 이주하자는 일론 머스크의 유토피아도 황당한 발상이긴 마찬가지다. 이들의 비전이 약속하는 것은 물론 임금 없는 세상이 아니다. 더 악화된 형태의 자본주의 내지는 신봉건주의(과거의 봉건주의와 유사하게 소수의 엘리트가 사회를 장악하고 부자가 봉건 영주처럼 빈자 위에 군림하는 체계—옮긴이)가 지배하는 사회다. 그것은 사막의 신기루처럼 우리를 더 큰 절망에 빠뜨릴 뿐이다.

오늘날 좌파 진영에서도 자본주의 이후의 세상을 상상하는 이들이 나오고 있고, 그 가운데 많은 이가 더 나은 세상을 만들기 위한 기술적 여건이 이미 갖추어졌다고 주장한다.[1] 그러나 이런 전망은 기껏해야 우리의 척박한 삶 속에 숨어 있는 일말의 가능성만 보여줄 뿐이다. 최악의 경우 그들의 말은 단순히 IT업계의 희망 사항을 옮겨놓는 정도에 지나지 않는다. 그런 발상이 특히 많이 거론되기 시작한 것은 2008년 금융 위기 이후 우리의 병든 자유민주주의 국가들이 쇠퇴를 진보로 포장하면서부터다.

그나마 위안이 되는 것은 새로운 세상의 명쾌한 지평을 피박탈자들의 투쟁에서 찾을 수 있다는 사실이다. 만인에게 기본적인 주거 공간과 교육, 의료가 제공되는 세상의 풍경이 지금 죽어가는 시스템의 언저리에서 명멸하고 있다. 하지만 그것이 그저 깜빡이는 수준을 넘어 확실한 비전이 되려면 5장에서 언급한 것과 같은 운동이 더욱 거세져야 한다. 사실 그런 깜빡임은 자본주의 시대가 지속되는 동안 주기적으로 있어왔다. 시스템에 대한 저항이 최고조에 이르러 패권 세력을 위협하는 운동과 사건이 발생했을 때마다 그런 세상의 풍경이 언뜻언뜻 비치곤 했다.

지금은 1871년 파리코뮌처럼 꿈같은 기류가 느껴진다. 당시 피박탈자들은 72일간의 반란으로 잠시 파리를 사회주의 자치 도시로 만들었다. 그들의 정신은 1960년대 히피들의 공동체 생활로 되살아났고, 2000년대 후반 '점령하라 Occupy' 운동으로 아른거렸다. 설령 그런 사건들이 꿈처럼 느껴지더라도 현시점에서 다시금 상상해볼 만하다. 오늘날 범북반구에서 많은 사람이 체험하고 있는 자본주의적 삶은 19세기 프랑스의 코뮌주의자들이 체험하던 삶과 크게 다르지 않을 것이다. 당시 코뮌주의자들도 일하는 시간보다 일을 찾는 시간이 더 많았다.[2] 다만 지금 우리에게는 그들과 같은 상상력과 조직력이 부재한 것 같다.

2008년 이후로 꾸준히 전개되고 코로나 사태로 더욱 격화된 투쟁의 흐름 속에서 코뮌과 비슷한 사회에 대한 상상의 흔적을 찾을 수 있다. 그것은 크리스틴 로스Kristin Ross의 말을 빌리자면 "화려한 코뮌"이라는 비전이다.[3] 아직은 그 흔적이 현실적인 대안으로까지 발전하진 않았어도 더는 필연의 왕국(마르크스는 필연적으로 수행해야 하는 노동을 필연의 왕국이라고 지칭하며, 필연의 왕국에서 자유의 왕국으로 도약해야 한다고 주장했다—옮긴이)이 삶을 지배하지 않는 세상, 만인이 의료와

주거 공간, 음식, 교육을 충분히 제공받는 세상이 어렴풋하나마 시야에 들어오기 시작했다. 이를 통해 우리가 상상해볼 수 있는 세상은 물질적 풍요 위에 사회적 풍요가 구현되는 세상, 지적 활동부터 감정 표현에 이르기까지 모든 방면에서 더 큰 자유와 자율성이 허락되는 세상이다.

21세기에 사회적 풍요가 어떤 식으로 구현될지에 대해서는 이미 많은 저술가가 나름의 견해를 개진했다. 크리스틴 로스에 따르면, 사회적 풍요란 만인이 저마다 자기의 "심미적 역량"을 발휘할 수 있어서 "세상이 더는 언어나 이미지를 가지고 노는 사치를 즐길 수 있는 사람과 즐길 수 없는 사람으로 나뉘지 않는" 것이다.[4] 혹은 지금보다도 지적·정서적으로 더 자유로운 세상이 도래하는 것이다.

그렇다고 행복과 만족만 존재하는, 실현 불가능한 세상을 이야기하는 것은 아니다. 여기서 말하는 것은 다시는 규범 준수라는 미명하에 감정과 욕구가 억압되어 고통과 굴종을 유발하지 않는 세상의 실현 가능성이다. 앤드리아 롱 추An-drea Long Chu의 표현을 빌리자면 "슬픔, 자기혐오, 수치, 후회와 같은 부정적이고 강렬한 감정"도 "의료나 음식처럼 보편적으로 누리는 권리"가 될 자격이 있다고 할 수도 있겠다.[5] 물질적 안정성이 커지면 현재의 지배적 패러다임인 젠더의 결

핍이 젠더의 풍요로 바뀌면서 "수많은 성이 꽃피게" 될 수도 있다.[6]

그러나 필연의 왕국, 즉 그런 풍요를 창출하기 위해 요구되는 노동이 과연 탈결핍 시대에는 어떤 모습을 띨지에 대해서는 아직 탐구가 활발히 이루어지지 않았다. 19세기 박학다식한 사회주의자 윌리엄 모리스William Morris는 그런 체제에서 "노동의 자유를 토대로 사회를 건립하려는 시도"가 행해져야 한다고 주장했다.[7] 그가 말하는 것은 단순히 노동으로부터 자유로워지는 것이 아니다. 탈결핍 체제를 유지하려면 여전히 어느 정도의 노동이 필요하기 때문이다. 물론 "쓰잘머리 없는 일들"은 박멸될 것이고, 순전히 기계보다 비용이 적게 든다는 이유로 인간이 수행하는 위험하고 고된 일들은 자동화될 것이다.[8] 그렇다고 해도 기계의 능력으로 감당할 수 없는 일이나 사회적 유대감을 형성해 인간의 행복을 유지하고 고립을 막아주는 일들은 여전히 존재할 것이다.

앙드레 고르에 따르면, 일은 가족처럼 자급자족적이고 폐쇄적인 경향이 있는 공동체와 균형을 맞추는 유익한 공동체를 만든다.[9] 그렇기 때문에 탈결핍 시대에 자유의 왕국이 어떤 양상으로 나타날 것이냐 하는 중요한 문제를 논하기 위해서는 앞으로 어떤 종류의 일이 필연적으로 요구되고, 그런 일이 어떻게 조직될 것인지를 명확히 전망해야 한다.

　　탈결핍 시대에는 모든 사람에게 음식, 주거 공간, 교육, 의료를 제공하기 위해 필요한 노동이 사회 전체에 골고루 배정될 것이다. 전통적인 임금 노동이 공평하게 분배되고, 돌봄과 가사노동이 더 이상 성을 기준으로 분배되지 않을 것이다. 여성은 더 이상 폭력이나 강압에 의해 출산과 양육과 돌봄을 떠맡지 않을 것이다. 아니, 그 누구도 생존의 문제나 정치적 압력에 의해 노동을 강요받지 않을 것이다. 사회적 풍요가 구현된 사회에서는 '필연'이 더 이상 '강제'를 의미하지 않는다. 누가 어떤 일을 언제 얼마나 하느냐가 민주적으로 결정될 것이다.

　　모리스는 〈쓸모 있는 일과 쓸모없는 노역〉이라는 유명한 글에서 아무리 고된 노동이라도 즐거운 일이 돼야 한다고 주장했다. 이를 위해서는 노동과 예술과 놀이의 경계가 최대한 허물어져야 하고, 노동의 성격이 변해야 하며, 일하는 노동시간이 길어야 서너 시간으로 단축돼야 한다.[10] 그리하여 "모든 노동을 합리적이고 즐거운 것으로 만들겠다는 각오가 있다면 우리의 삶은 참으로 멋진 휴가가 될 것"이라고 했다.[11]

　　일을 의미 있는 놀이로 만들자는 모리스의 꿈과 오늘날 미세노동이 서로 어울리지 않는 것처럼 보일 수 있다. 작업의 단조로움, 고정된 일과의 부재, 소득과 직업의 불안정성은 누가 봐도 모리스가 상상하는 에덴동산과 대조를 이룬다. 하지만 이런 단점들이 미세노동의 본질은 아니다. 임금에 얽힌 문제로 인해 노동 과정에서 만족감과 의미가 결여되면서 생긴 부산물일 뿐이다.

사실 독립적이고, 유연하고, 여유로운 노동 생활을 영위하게 해주겠다는 미세노동의 약속은 모리스가 제시한 노동의 세계에 놀라울 만큼 잘 부합한다. 임금 사회에서는 독립성과 유연성이 십중팔구 가난과 불안정을 의미하기 때문에 그 약속이 실현될 수 없다. 그러나 무임금 사회에 대입하면 미세노동은 노동 생활을 어떻게 조직해야 할지 보여주는 매력적인 비전을, 말하자면 현재의 폐허 속에 숨은 "구체적 유토피아"(철학자 에른스트 블로흐는 현재 속에 앞으로 구체적으로 실현 가능한 유토피아가 잠재해 있다고 주장했다―옮긴이)를 제시한다.[12]

특히 주목할 부분은 노동자가 하루 동안 수행하게 될 작업의 다양성으로, 모리스와 마르크스 같은 사상가들은 그런 다양성이야말로 노동이 사회적 필요는 물론이고 개인적 필요를 충족하기 위해 필수로 요구되는 특성이라고 말했다. 물론 미세노동에서 유연성과 독립성이 중시되는 이유는 그

것이 노동자에게 이롭기 때문이 아니라 자본이 노동자에 대한 책임을 회피하는 구실이 되기 때문이다. 임금 사회에서는 하루 동안 20인의 의뢰인을 위해 20개의 역할을 수행해봤자 독립성과 역동성이 생기기는커녕 그저 지루하고 끈질긴 생존 투쟁만 지속될 뿐이다. 하지만 임금과 그에 연계된 분업이 사라진 탈결핍 세상에서는 노동자에게 요구되는 소량의 노동이 각자의 관심사에 맞춰 다양하게 구성되지 못할 이유가 없다.

한편, 노동자가 미세노동 사이트에서 수행하는 각양각색의 작업들은 화려한 코뮌의 세상에서 노동이 얼마나 다양해질 수 있는지 보여주는 왜곡된 렌즈라 할 수 있다. 여기서 마르크스와 엥겔스가 남긴 유명한 문장이 떠오른다.

공산주의 사회에서는 어느 누구도 한정적인 활동 영역을 갖지 않고, 저마다 자기가 원하는 대로 어떤 영역에서든 역량을 계발할 수 있으며, 사회는 생산 전반을 감독함으로써 내가 오늘은 이 일을 하고 내일은 저 일을 할 수 있도록 지원한다. 내가 굳이 사냥꾼, 어부, 목동, 비평가가 되지 않고도 마음 내키는 대로 아침에는 사냥하고, 오후에는 고기를 잡고, 저녁에는 소를 몰고, 저녁 식사 후에는 비평을 할 수

있게 되는 것이다.**¹³**

　인간의 계발을 방해하는 미세노동은 과도한 착취의 형태로 이 비전을 왜곡해서 보여준다. 하지만 그 덕분에 우리가 현재의 시스템에서 노동으로 인정되는, 직업의 조악한 모사품에 대해 의문을 품는 것인지도 모른다. 그래서 직업이 작은 단위로 분해될 수 있는 디지털 시대에 직업의 일관성을 다시 생각할 수밖에 없는 것이다. 물론 인간의 정신에 크고 작은 피해를 주는 작업들을 수행하는 것이 마르크스가 말한 것처럼 여유롭게 관심 있는 활동을 추구하는 것과 같다고 할 수는 없다. 하지만 미세노동의 내용이 아니라 형태를 보자면, 마르크스와 모리스 같은 사상가들이 말했던 유연성이 실제로 구현될 수도 있겠다는 생각이 든다. 비록 엔지니어, 의료인, 교사 등등의 직군에서 수행되는 노동을 데이터 노동과 같은 수준으로 분할할 수는 없어도 그 노동에 요구되는 시간은 더 공평하고 합리적인 방식으로 분배할 수 있다.

　무임금 사회에서도 특정한 직군의 훈련을 받은 사람이 필요하겠지만, 그런 노동이 어떤 사람의 유일한 역할이거나 하루의 주된 활동이 되는 건 아니고 다양한 역할과 활동 중 하나에 불과할 것이다. 한 사람이 아침에는 의사가 됐다가 낮에는 농부가 됐다가 저녁에는 소설가가 되는 것처럼 말이다. 그러면 의사로 훈련받은 사람이 넉넉히 존재해서 누군가가 그 역할을 수행하느라 다채롭고 의미 있는 삶을 포기할 필요는 없을 것이다. 그래서 앙드레 고르는 이렇게 썼다.

> 매일같이 종일 수행해야 할 때는 답답한 일(예를 들면 우편물 분류, 폐기물 수거, 청소, 수리)이 만인에게 분배되어 하루에 15분만 소비하게 된다면 다양한 일을 하는 와중에 잠깐 쉬어가는 일이 될 수 있다. 더욱이 이미 농업과 임업의 일부 노동 유형에서 볼 수 있듯이 어떤 일이 1년 중 단 며칠, 혹은 평생에 단 몇 달만 필요로 한다면 기분을 전환하고 즐거움을 누릴 기회가 될 수도 있다.[14]

미세노동 사이트가 시사하는 것은 각각의 작업에 소비되는 시간뿐 아니라 노동 전반에 소비되는 시간이 급격하게 줄어든 세상이다. 미세노동 사이트는 임금 노동을 세분화해서 노동자가 일하는 시간보다 일을 찾는 시간이 더 많아지게 한다. 그래서 모든 사람을 임금에 의존하게 만들면서도 모든 사람에게 임금을 지급하지 못하는 시스템의 부조리를 고스란히 보여준다. 노동 자원을 효율적으로 사용하지도 못하고 노동자의 심신만 망가뜨린다. 이런 환경에서는 노동시간이 감소하면 소득이 감소하고, 따라서 생존에 커다란 위협이 된다.

그렇지만 생존이 더 이상 소득에 좌우되지 않고 모든 사람에게 잘 먹고 잘 살 수 있는 수단을 제공하는 사회에서는 그런 문제가 사라진다. 기계가 노동을 보조하고 불필요한 노역이 없는 사회에서는 사회적 노동이 하루 중 극히 일부분만 차지하게 된다. 이 경우에도 미세노동 사이트와 유사하게 기계학습 알고리즘을 통해 어떤 노동을 누구에게 분배할지 결정할 수 있겠지만, 그 과정에서 개인의 자유 시간과 자율성은 존중될 것이다.

노동의 분량을 줄이는 것 말고도 기계학습은 노동 경험의 질을 향상하기 위해 사용될 수 있다. 빅데이터 기반의 피드백 인프라를 활용하면 노동자의 성과뿐만 아니라 기호도 고려해 노동을 분배할 수 있다. 4장에서 거론한 중국의 데이터 공장에서는 기계학습 알고리즘이 과거의 성과를 기준으로 어떤 노동자에게 어떤 작업을 맡길지 결정했지만, 그와 달리 노동자 개개인의 취향과 관심사가 노동을 분배하는 기준이 될 수 있다.

아울러 게임화가 꼭 억압의 수단이 되라는 법도 없다.

현재의 게임화 전략은 수뇌부가 시시한 경제적 충동에 따라 노동자를 억압하는 수단으로 사용하고 있는데, 그럼에도 그 안에서 우리는 노동이 더 재미있고 즐거운 것이 되기를 바라는 인간의 욕망을 엿볼 수 있다. 임금이 없는 세상에서는 플레이먼트 같은 기업이 약속하는 것처럼 노동이 생산의 수단이기 이전에 즐거운 놀이가 될 것이다. 이때는 게임화가 노동 과정을 감독하고 합리화하고 감시하기 위한 수단이 아니라, 고되고 단조로운 일을 덜 수고스럽게 만드는 수단으로 활용될 것이다. 기계가 단순히 인건비를 절감하고, 노동자를 압박하고 숙련 노동자의 일을 비숙련 노동자의 일로 전락시키는 수단으로 사용되지 않고 노동을 더욱 즐겁게 만드는 수단이 될 것이다.

또한 평가와 점수 시스템이 적절한 노력을 유도하기 위한 동기 부여의 수단으로서 어느 정도는 임금을 대체할 것이다. 점수 시스템이 누가 보수를 받고 못 받을지 결정하는 수단이 아니라 노동자를 격려하고 즐거운 경쟁을 가능케 하는 수단이 된다면 답답하고 고된 일도 충분히 게임화할 수 있을 것이다. 도금 시대(미국 경제가 급성장했던 1870년부터 1900년까지의 시대—옮긴이)가 한창이던 1888년에 출간된 소설 《뒤를 돌아보면서》에서 에드워드 벨러미Edward Bellamy가 그린

2000년은 돈, 불평등, 전쟁과 함께 임금이 사라지고 사회주의 유토피아가 도래한 시대로, 작품 속에서 사람들은 야만적인 경제적 압력에 의해 억지로 일하진 않지만 그 대신 이 사회에는 도덕과 명예에 바탕을 둔 노동 장려책이 존재한다.[15] 미세노동 사이트의 공개 점수 시스템도 이와 유사한 점이 있다. 그러나 메커니컬터크의 "마스터 인증"은 좀 더 벌이가 좋은 작업을 배정받을 자격을 부여하는 반면, 탈결핍 경제에서는 그런 명예 요소가 권위자의 지위를 부여해 무료하거나 고된 노동을 기꺼이 수행하게 만들 것이다.

그러므로 플랫폼 경제와 그것이 약속하는 실리콘밸리의 낙원은 자본이 내세우는 재건 신화의 온상이기도 하지만, 또 반대로 이미 오래전부터 사회주의 선견자들을 괴롭혔던 물음에 대한 놀라운 답을 찾을 수 있는 사회적 실험장이기도 하다. 의사결정 알고리즘을 언제 사용할 것인가(그리고 언제 사용하지 않을 것인가) 하는 문제는 디지털만능주의에 경도된 플랫폼 경제의 관심사가 아니다. 마찬가지로 탄력성이 실제로 노동자에게 어떻게 도움이 될 것인가, 플랫폼이 임금 이외의 동기 부여 수단을 탄생시키는 데 어떻게 기여할 것인가 하는 문제 역시 별로 주목을 받지 못하고 있다. 이는 어떤 식으로든 사회주의 운동을 전개하고자 할 때 반드시 고민해야 할 질문들로 남아 있다.

　5장에서 살펴본 대로 어떤 운동이든 간에 잉여로 간주되는 사람들, 점점 늘어나는 그들을 흡수해야만 성공할 수 있다. 그러나 더 나은 세상을 실현하기 위한 운동에 추진력이 붙으려면 자유와 필연에 대한 비전이 필요하다. 그것은 신뢰할 만한 비전이어야 하고, 그저 비극을 키우고 지구의 붕괴를 앞당기기만 하는 시스템과는 차별화된 비전이어야 한다.

　대부분의 사람은 아직까지 현재가 견딜 만하기에 미래를 상상하지 않는다. 그리고 지금 우리가 상상 없이 맞고 있는 미래는 금세 사람이 살 수 없는 미래가 될지 모른다. 자본주의가 내놓는 기후 재앙의 대책은 기술만능주의와 죽음 숭배의 결합체다. 안면인식 카메라는 기후 재앙으로 터전을 잃은 수많은 사람을 구하는 것이 아니라 검거하기 위해 존재하고, 챗봇은 지구가 화마에 휩싸였을 때도 판에 박힌 말만 늘어놓을 뿐이다. 이것은 현행 시스템에 기본적으로 허무주의가 내재해 있다는 슬픈 증거일지 모른다.

　상상이 결핍된 작금의 현실 속에서도 실리콘밸리만큼은 시스템 내의 사상자들을 착취하기 위해 온갖 상상력을 총동원한다. 그 결과로 만들어지는 것은 실직보다 나을 게 없는 삶을 초래하는 노동의 형태다. 미세노동이 가리키는 미래에서 노동자의 주된 역할은 데이터를 생성하고 자신의 직업을 자동화의 희생양으로 만드는 것이다. 하지만 바로 그렇기 때문에 우리는 미세노동을 통해 임금이 사라진 세상, 노동이 삶의 중심이 아닌 세상, 각자가 언제 무슨 일을 할지 더 자유롭게 선택할 수 있는 세상을 그릴 수 있다.

역사학자 E. P. 톰슨의 말을 빌리자면, 그런 세상은 태양처럼 정해진 때에 저절로 등장하는 것이 아니라 우리가 만들어가야 하는 것이다.[16] 전 세계적으로 투쟁이 늘어나고 투쟁이 발하는 빛도 점점 강해지고 있다. 영원한 밤으로 진입하고 있는 현 시스템의 기괴한 꿈속에서 우리는 오히려 새로운 새벽의 서광을 본다.

감사의 말

가장 먼저 이 책이 출간되기까지 인내와 관심과 지원을 아끼지 않은 버소출판사의 편집자 존 메릭에게 감사드린다. 아울러 리오 홀리스와 던컨 랜슬럼을 비롯해 이 책의 제작에 참여한 모든 출판사 직원에게도 감사한 마음을 전한다.

초기 원고를 세심히 읽고 개선 방안을 알려주고 계속 글을 쓸 수 있도록 격려해준 제임스 멀둔, 미치 패스, 트래헌 펠비에게 감사하다. 일찍부터 이 책을 쓸 수 있도록 응원하고 후원해준 윌 스트롱에게도 마음의 빚을 졌다. 메이지 리지웨이, 캣 싱클레어, 엘리 클라크를 포함해 디지털 기술 독서 모임의 회원들과 나눈 대화가 이 책 곳곳에 녹아 있으니 역시 감사할 따름이다.

내가 집필의 괴로움과 걱정을 토로할 때마다 친절히 들어주고 조사 과정에서 큰 도움을 주며 내게 지치지 않는 열정을 전염시킨 이자벨라 시퍼스카, 폴 윌리엄스, 샘 브릭스에게 심심한 감사의 마음을 전한다. 리처드 고든, 애니 맥클라나한, 닉 서나이첵, 줄리언 시라보, 덕 헤인즈, 나탈리아 시시어, 아론 베나나브를 포함해 많은 사람이 진심으로 격려하고 관심을 보이며 읽을거리를 추천해주지 않았다면 이 책은 완성되지 못했을 것이다.

브라이턴 독서 모임의 케이티 핸런과 매슈 맥콘키, 런던 독서 모임의 마이크 존스에게 감사하다. 내가 힘든 시간을 견디고 좋은 시간을 더 즐겁게 보낼 수 있게 해준 브라이턴의 제임스 켈리, 리아 카프리오, 리아논 스콧, 리치 매슬린, 조 트루먼, 사이먼 재번스, 그레이스 마셜, 루이 론트, 매리어스 홀튼의 우정에 감사드린다. 나와 가장 오래 알고 지낸 토머스 휴즈, 루스 월뱅크, 알렉스 센턴, 키아라 센턴, 리치 둘리, 에이미 체빈, 피트 브레이, 라이언 휴즈, 매블리 고든, 스콧 랠프, 캐스 랠프에게도 감사하다.

끝으로 이 책을 쓰는 내내 물심양면으로 지원해준 리치 존스, 질라 홀포드, 토니 존스, 페니 빈센트에게 감사의 뜻을 표한다.

더 나은 세상이 가능하다는 것을 믿게 해준 나의 파트너 이사에게 이 책을 바친다.

주석

서문 _ 메커니컬터크: 미세노동의 탄생

1   Naomi Klein, 'How Big Tech Plans to Profit from the Pandemic', *The Guardian*, 13 May 2020.

2   Moritz Altenreid, 'The Platform as Factory: Crowdwork and the Hidden Labour behind Artificial Intelligence', *Capital and Class* 44(2), 2020.

3   Mike Davis, *Planet of Slums*, Verso, 2006, p. 174. (한국어판: 김정아 역, 《슬럼, 지구를 뒤덮다》, 돌베개, 2007)

4   Siddharth Mall, 'Top Playment Players Are Spending More Time on the App Than on Social Media', Linked In, 27 February 2017.

5   Sarah O'Connor, 'The Human Cloud: A New World of Work', *Financial Times*, 8 October 2015; Jeremias Prassl, *Humans-as-a-Service: The Promise and Perils of Work in the Gig Economy*, Oxford University Press, 2018; Valerio De Stefano, 'The Rise of the "Just-in-Time Workforce": On-Demand Work, Crowdwork and Labour Protection in the "Gig-Economy"', International Labour Organization, 2016. 또한 'Digital Labour Platforms and the Future of Work: Towards Decent Work in the Online World', International Labour Organization, 2018 참고.

6   'What Is Mechanical Turk?', Pew Research, 11 July 2016.

7   Vili Lehdonvirta, 'From Millions of Tasks to Thousands of Jobs: Bringing

Digital Work to Developing Countries', World Bank, 31 January 2012. 또한 'The Global Opportunity in Online Outsourcing', World Bank, June 2015 참고.

8   Mary L. Gray and Siddharth Suri, *Ghost Work: How to Stop Silicon Valley from Building a New Global Underclass*, Houghton Mifflin Harcourt USA, 2019, p. xxiv. (한국어판: 신동숙 역, 《고스트워크》, 한스미디어, 2019)

9   'Digital Labour Platforms', p. 88.

10   'Platform Work in the UK 2016 – 2019', TUC and University of Hertfordshire, 2019.

11   위의 글.

12   'Digital Labour Platforms', p. xvii.

13   주바지에는 대규모 프로젝트와 미세 작업을 아우르는 다양한 유급 온라인 노동을 중개한다. 그중에서 미세노동이 차지하는 비중은 구체적인 수치로 밝혀진 바가 없다. 'The Global Opportunity' 참고.

14   Kotaro Hara, Abi Adams, Kristy Milland, Saiph Savage, Chris Callison-Burch, and Jeffrey P. Bigham, 'A Data-Driven Analysis of Workers' Earnings on Amazon Mechanical Turk', *Proceedings of the 2018 CHI Conference: Human Factors in Computing Systems*, April 2018, pp. 1 – 14.

15   기술이 노동자를 대체하는 현상과 상대직 잉어 인구의 증가에 대한 마르크스의 견해는 Karl Marx, *Capital Volume 1*, Penguin Classics, 1990, pp. 794 – 800 참고. (한국어판: 김수행 역, 《자본론 1 (하)》, 비봉출판사, 2015) 또한 Karl Marx, Grundrisse, Penguin Classics, 1993, pp. 694 – 5, 704 – 6 참고. (한국어판: 김호균 역, 《정치경제학 비판요강》, 지식을만드는지식, 2019)

16   "플랫폼 자본주의"에 대한 총체적 분석은 Nick Srnicek, *Platform Capitalism*, Polity, 2016 참고. (한국어판: 심성보 역, 《플랫폼 자본주의》, 킹콩북, 2020)

17   Srnicek, *Platform Capitalism*, pp. 43 – 4.

18   Gray and Suri, *Ghost Work*, p. 38.

19 Lilly Irani, 'Justice for Data Janitors', Public Books, 15 January 2015.

20 "완전히 자동화된 화려한 공산주의"에 대한 논의는 Aaron Bastani, *Fully Automated Luxury Communism*, Verso, 2019 참고. (한국어판: 김민수, 윤종은 역, 《완전히 자동화된 화려한 공산주의》, 황소걸음, 2020)

1장 실리콘밸리의 잉여

1 Stephanie Hegarty, 'How Silicon Valley Outsources Work to African Refugees', BBC, 18 June 2011.

2 Ruchi Gupta, 'How Much Does Jeff Bezos Make a Second', *Market Realist*, 13 August 2020.

3 Miranda Hall, 'The Ghost of the Mechanical Turk', *Jacobin*, 16 December 2017.

4 불투명한 외주화 과정 때문에 이 노동자들이 어떤 플랫폼을 사용하는지 확실히 말하긴 어렵지만, 중동에서 노동자를 조달하는 드론 데이터 훈련 플랫폼의 사례와 관련해서는 scale.com/drones 참고.

5 Vili Lehdonvirta, 'From Millions of Tasks to Thousands of Jobs: Bringing Digital Work to Developing Countries', World Bank, 31 January 2012.

6 Nicola Croce, 'The New Assembly Lines: Why AI Needs Low Skill Workers Too', We Forum, 12 August 2019.

7 Joel Ross, Lilly Irani, M. Six Silberman, Andrew Zaldivar, and Bill Tomlinson, 'Who Are the Crowdworkers? Shifting Demographics in Amazon Mechanical Turk', *CHI EA '10: CHI '10 Extended Abstracts on Human Factors in Computing Systems*, April 2010, pp. 2863 – 72.

8 "벌거벗은 생명"의 본래 용법은 Giorgio Agamben, *Homo Sacer: Sovereign Power and Bare Life*, Stanford University Press, 1998 참고. (한국어판: 박진우 역, 《호모 사케르》, 새물결, 2008)

9 범산복합체에 대한 면밀한 분석은 Ruth Wilson Gilmore, *Golden Gulag: Prisons, Surplus, Crisis and Opposition in Globalizing California*, University of California Press, 2007, pp. 113 – 15 참고.

10 Leila Janah, 'The Virtual Assembly Line', Huffpost, 26 May 2010.

11 Dave Lee, 'Why Big Tech Pays Poor Kenyans to Teach Self-Driving Cars', BBC, 3 November 2018.

12 Ed Garstein, 'Sharp Growth in Autonomous Car Market Predicted but May Be Stalled by Rise in Consumer Fear', *Forbes*, 13 August 2018.

13 Angela Chen, 'Desperate Venezuelans Are Making Money by Training AI for Self-Driving Cars', *MIT Technology Review*, 22 August 2019.

14 위의 글.

15 John Burnett, *Idle Hands: The Experience of Unemployment 1790 – 1990*, Routledge, 1994, p. 170.

16 Leila Janah, 'How Online Work Can Save America', *Tech Crunch*, 21 February 2011.

17 Frank Snowden, *Naples in the Time of Cholera*, Cambridge University Press, 1995, pp. 35 – 6.

18 Alex Nguyen, 'Six Weird Crowdsourcing Tasks from Amazon Mechanical Turk', Lionsbridge, 21 January 2019.

19 'World Bank Promotes Microwork Opportunities for Jobless Palestinians', World Bank, 26 March 2013.

20 Angela Chen, 'Inmates in Finland Are Training AI as Part of Prison Labour', The Verge, 28 March 2019.

21 위의 글.

22 Deborah Carey, 'Microwork: A New Approach for Labour Disparities', *World Mind*, 9 December 2016.

23 Lilly Irani, 'Justice for Data Janitors', Public Books, 15 January 2015.

24 Karl Marx, *Capital Volume 1*, Penguin Classics, 1990, p. 794.

25 이 같은 주장은 Aaron Bastani, *Fully Automated Luxury Communism*, Verso, 2019 참고.

26 Aaron Benanav, 'Automation and the Future of Work – I', *New Left Review*, September/October 2019, p. 15.

27 Robert Brenner, *The Boom and the Bubble*, Verso, 2002, pp. 12 – 20.

(한국어판: 정성진 역, 《붐 앤 버블》, 아침이슬, 2002)

28 위의 책. 또한 Larry Summers, *Secular Stagnation*, Penguin, 2019 참고.

29 Brenner, *The Boom and the Bubble*, pp. 18 – 20

30 Benanav, 'Automation and the Future of Work – I', p. 17

31 GDP 대비 제조업 부가가치 비중에 대한 데이터는 세계은행 통계를 참고했으며, 이 글을 쓰는 시점을 기준으로 최신판은 2019년 통계다.

32 Marx, *Capital Volume 1*, pp. 794 – 5.

33 'Misery and Debt', Endnotes, April 2010.

34 이런 주장의 예는 Carl Benedikt Frey, *The Technology Trap: Capital, Labor, and Power in the Age of Automation*, Princeton University Press, 2019, pp. 246 – 8 참고. (한국어판: 조미현 역, 《테크놀로지의 덫》, 에코리브르, 2019)

35 'Misery and Debt'.

36 "자본주의적 축적의 절대적 일반 법칙"에 대한 설명은 Marx, *Capital Volume 1*, pp. 798 – 802 참고.

37 이 같은 주장은 Nick Srnicek and Alex Williams, *Inventing the Future: Postcapitalism and a World without Work*, Verso, 2015 참고. 또한 Bastani, *Fully Automated Luxury Communism* 참고.

38 솔로의 생산성 역설에 대해서는 Jack Triplett, 'The Solow Productivity Paradox: What Do Computers Do to Productivity?', The Canadian Journal of Economics 32(2), 1999 참고.

39 Brenner, *The Boom and the Bubble* 참고.

40 Aaron Benanav, 'Automation and the Future of Work – 2', *New Left Review*, November/December 2019, p. 121.

41 Robert Rowthorn and Ramana Ramaswamy, 'Deindustrialization: Its Causes and Implications', IMF, September 1997.

42 Srnicek and Williams, *Inventing the Future*, p. 91.

43 OECD 실업률 지표 데이터. 2020년 갱신.

44 Aaron Benanav, 'Precarity Rising', *Viewpoint Magazine*, 15 June 2015.

45 Olivier Blanchard et al., 'European Unemployment: The Evolution of

Facts and Ideas', *Economic Policy 21*(45), 2006.

46 Jason E. Smith, *Smart Machines and Service Work: Automation in an Age of Stagnation*, Reaktion Books, 2020, p. 76.

47 Anna Syed, 'Changes in the Economy since the 1970s', UK Office for National Statistics, 2 September 2019.

48 William Baumol, 'Macroeconomics of Unbalanced Growth: Anatomy of the Urban Crisis', *American Economic Review* 67(3), 1967, pp. 415 – 26.

49 Smith, *Smart Machines and Service Work*, p. 122.

50 Guy Standing, *The Precariat: The New Dangerous Class*, Bloomsbury, 2016 참고. (한국어판: 김태호 역,《프레카리아트: 새로운 위험한 계급》, 박종철출판사, 2014) 또한 Mariele Pfannebecker and James Smith, *Work Want Work*, Zed, 2020, p. 60 참고. "하등 취업"의 본래 용법에 대해서는 Thomas Vietorisz, Robert Meir, and Jean-Ellen Giblin, 'Subemployment: Exclusion and Inadequacy Indexes', *Monthly Labor Review* 98, May 1975, pp. 3 – 12 참고.

51 Walter Hanesch, 'In-Work Poverty in Germany', European Social Policy Network, 2019.

52 Ivor Southwood, *Non-Stop Intertia*, Zero Books, 2011.

53 Jess Staufenberg and Jon Stone, 'Revealed: The High Street Firms That Used Benefit Claimants as Free Labour', *Independent*, 31 July 2016.

54 Leigh Claire La Berge, 'Decommodified Labor: Conceptualizing Work after the Wage', *Lateral* 7(1), Special issue: Marxism and Cultural Studies, Spring 2018.

55 위의 글.

56 이 용어의 본래 용법에 대해서는 Gosta Esping Andersen, *The Three Worlds of Welfare Capitalism*, Polity, 1990 참고. (한국어판: 박시종 역,《복지 자본주의의 세 가지 세계》, 성균관대학교출판부, 2007)

57 La Berge, 'Decommodified Labor'.

58 Gilmore, *Golden Gulag*.

59 Phil Neel, *Hinterland: America's New Landscape of Class and Conflict*,

Reaktion Books, 2018, pp. 69 – 70.

60 'More Than 60 Per cent of the World's Employed Population Are in the Informal Economy', International Labour Organization, 30 April 2018.

61 Mike Davis, *Planet of Slums*, Verso, 2007, p. 175.

62 "임금 수렵채집인들"에 대한 자세한 설명은 Jan Breman, *Wage Hunters and Gatherers: Search for Work in the Rural and Urban Economy of South Gujarat*, Oxford University Press India, 1994 참고.

63 Davis, *Planet of Slums*, p. 178.

64 'Walmart's Global Track Record and the Implications for FDI in Multi-Brand Retail in India', UNI Global Union, March 2012. 구멍가게를 이용하는 대기업의 최신 사례는 Rahul Sachitanand, 'Battleground Kirana: The Anatomy of India's Raging Retail War', *The Economic Times*, 9 June 2019 참고.

65 세계은행이 "미세사업가"라는 용어를 사용한 사례에 대해서는 'Shortening Microentrepreneur Supply Chain through Mobile Technology', World Bank, 10 November 2017 참고. 세계은행이 "미세사업가"를 미세노동과 연관 지어 사용한 사례에 대해서는 Solutions for Youth Employment, 'Digital Jobs for Youth: Young Women in the Digital Economy', World Bank, September 2018 참고.

2장 인공지능 혹은 인간지능?

1 Edgar Allan Poe, 'Maelzel's Chess Player', *Southern Literary Messenger*, April 1836. Available online at The Edgar Allan Poe Society of Baltimore.

2 Shanhong Liu, 'Revenues from the Artificial Intelligence (AI) Software Market Worldwide from 2018 to 2025', Statista, 7 December 2020.

3 Nick Srnicek, *Platform Capitalism*, Polity, 2016, pp. 39 – 40.

4 Carl Benedikt Frey, *The Technology Trap: Capital, Labor, and Power in the Age of Automation*, Princeton University Press, 2019, pp. 301 – 3.

5 Ljubica Nedelkoska and Glenda Quintini, 'Automation, Skills Use and

Training', *OECD Social, Employment and Migration Working Papers*, no. 202, 2018.

6 Jason Smith, 'Nowhere to Go: Automation Then and Now Part 2', *Brooklyn Rail*, April 2017.

7 Nick Dyer Witheford, Atle Mikkola Kjøsen, and James Steinhoff, *Inhuman Power: Artificial Intelligence and the Future of Capitalism*, Pluto, 2019, p. 83.

8 Gwyn Topham, 'It's Going to Be a Revolution: Driverless Cars in a London Trial', *The Guardian*, 3 October 2019.

9 Nanette Byrnes, 'As Goldman Embraces Automation, Even the Masters of the Universe Are Threatened', *Technoogy Review*, 7 February 2017.

10 Simon Chandler, 'Coronavirus Is Forcing Companies to Speed Up Automation, for Better and for Worse', *Forbes*, 12 May 2020.

11 Sasha Lekach, 'It Took a Coronavirus Outbreak for Self-Driving Cars to Become More Appealing', *Mashable*, 2 April 2020.

12 Astra Taylor, 'The Automation Charade' *Logic* 5, 1 August 2018.

13 위의 글.

14 Aaron Benanav, *Automation and the Future of Work*, Verso, 2020. (한국어판: 윤종은 역, 《자동화와 노동의 미래》, 책세상, 2022)

15 Aaron Benanav, *Automation and the Future of Work*, Verso, 2020, p. 6, 인용, Kurt Vonnegut, *Player Piano*, Dial Press, 2006, p.73. (한국어판: 정석권 역, 《자동 피아노》, 금문, 2001)

16 Mark Graham and Jamie Woodcock, *The Gig Economy: A Critical Introduction*, Polity, 2019, p. 54. (한국어판: 이재열, 박경환 역, 《긱경제》, 전남대학교출판문화원, 2021)

17 'Creating Chatbots and Virtual Assistants that Really Work', Appen, 10 September 2019.

18 James Vincent, 'Twitter Taught Microsoft's AI Chatbot to Be a Racist Asshole in Less Than a Day', The Verge, 24 March 2016 참고.

19 'Twitter Improves Search with Real-Time Human Computation',

Amazon Mechanical Turk, 9 January 2013.

20 Phil Jones, 'Migrant Labour without Migration', Verso Books blog, 10 June 2020.

21 Lilly Irani and M. Six Silberman, 'Turkopticon: Interrupting Worker Invisibility in Amazon Mechanical Turk', *Proceedings of CHI 2013: Changing Perspectives*, 2013, p. 612.

22 Phil Jones, 'Rethinking Microwork: The Invisible Labour of the Platform Economy', Autonomy, 2020.

23 위의 글.

24 Paola Tubaro, Antonio A. Casilli, and Marion Coville, 'The Trainer, the Verifier, the Imitator: Three Ways in Which Human Platform Workers Support Artificial Intelligence', *Big Data and Society*, January 2020.

25 'Lionsbridge Augments Artificial Intelligence Offering through Acquisition of Gengo and Gengo Ai', Lionsbridge, 20 November 2019.

26 구글과 페이스북 등 플랫폼의 콘텐츠 검열에 대한 심층적인 연구는 Sarah Roberts, *Behind the Screen: Content Moderation in the Shadows of Social Media*, Yale University Press, 2019 참고.

27 'Twitter Improves Search'.

3장 서비스형 인간

1 Vili Lehdonvirta, 'From Millions of Tasks to Thousands of Jobs: Bringing Digital Work to Developing Countries', World Bank, 31 January 2012.

2 Leila Janah, 'Give Work: Reversing Poverty One Job at a Time', Portfolio, 2017 참고.

3 'Game-Changing Opportunities for Youth Employment in the Middle East and North Africa', World Bank, March 2011.

4 Franscesca Gin and Bradley Staats, 'The Microwork Solution', *The Harvard Review*, December 2012.

5 'Digital Labour Platforms and the Future of Work: Towards Decent Work

in the Online World', International Labour Organization, 2018, p. 95.

6   Mary L. Gray and Siddharth Suri, *Ghost Work: How to Stop Silicon Valley from Building a New Global Underclass*, Houghton Mifflin Harcourt USA, 2019, pp. 110–13. (한국어판: 신동숙 역, 《고스트워크》, 한즈미디어, 2019)

7   Adam Greenfield, *Radical Technologies*, Verso, 2017, p. 294.

8   Niels Van Doorn, 'From a Wage to a Wager: Dynamic Pricing in the Gig Economy', Autonomy, 2020.

9   Juliet Webster, 'Microworkers of the Gig Economy: Separate and Precarious', *New Labor Forum* 25(3), 2016, p. 58.

10 Gray and Suri, *Ghost Work*, p. 90.

11 'Digital Labour Platforms', p. 74.

12 Melinda Cooper, 'Workfare, Familyfare, Godfare: Transforming Contingency into Necessity', *South Atlantic Quarterly* 111(4), 2012, p. 646.

13 Nancy Fraser, 'Behind Marx's Hidden Abode', *New Left Review* 86, March/April 2014.

14 Sylvia Federici, 'Wages against Housework', in *Revolution at Point Zero*, PM Press, 2012, p. 16. (한국어판: 성원 역, '가사노동에 대항하는 임금', 《혁명의 영점》, 갈무리, 2013) 20세기에 노동을 임금이 지급되는 활동으로 한정하면 수많은 수고로운 활동을 배제하게 되어 그 행위자를 노동자로 인정하지 않게 된다는 주장이 여러 사회운동을 통해 강하게 개진됐다. 이는 다시 말해 어떤 활동을 노동으로 인정할지 결정하는 데 가장 좋은 기준이 임금은 아니라는 것이다. 당연한 말이지만 돌봄과 가사라는 재생산 노동에는 임금이 지급되지 않는다.

15 Kotaro Hara, Abi Adams, Kristy Milland, Saiph Savage, Chris Callison-Burch, and Jeffrey P. Bigham, 'A Data-Driven Analysis of Workers's Earnings on Amazon Mechanical Turk', *Proceedings of the 2018 CHI Conference: Human Factors in Computing Systems*, April 2018, pp. 1–14.

16 Karl Marx, *Capital Volume 1*, Penguin Classics, 1990, pp. 697 – 8.

17 Alexander J. Quinn, Benjamin B. Bederson, Tom Yeh, and Jimmy Lin, 'CrowdFlow: Integrating Machine Learning with Mechanical Turk for Speed – Cost – Quality Flexibility', Human Computer Interaction Lab, 2020.

18 Veena Dubal, 'Digital Piecework', *Dissent,* Fall 2020.

19 Frank Snowden, *Naples in the Time of Cholera*, Cambridge University Press, 1995, pp. 35 – 6.

20 Alex J. Wood, Mark Graham, Vili Lehdonvirta, and Isis Hjorth, 'Good Gig, Bad Gig: Autonomy and Algorithmic Control in the Global Gig Economy', *Work, Employment and Society* 33(1), February 2019, p. 67.

21 Yolanda Redrup, 'Appen to Become Global Leader after $105 million Leapforce Acquisition', *Financial Review*, 29 November 2017.

22 Annalee Newitz, 'The Secret Lives of Google Raters', Ars Technica, 27 April 2017.

23 M. Six Silberman and Lilly Irani, 'Operating an Employer Reputation System: Lessons from Turkopticon, 2008 – 2015', *Comparative Labor Law and Policy Journal* 37(3), Spring 2016, p. 505.

24 1934년 총파업에 대한 자세한 설명은 J. C. Irons, *Testing the New Deal: The General Textile Strike of 1934 in the American South*, University of Illinois Press, 2000 참고.

25 Lilly Irani and M. Six Silberman, 'Turkopticon: Interrupting Worker Invisibility in Amazon Mechanical Turk', *Proceedings of CHI 2013: Changing Perspectives*, 2013.

26 Gray and Suri, *Ghost Work*, pp. 85 – 91.

27 위의 책.

28 E. P. Thompson, 'Time, Work – Discipline and Industrial Capitalism', *Past and Present* 38(1), 1967, p. 90.

29 'Digital Labour Platforms', p. 74.

30 Lauren Weber and Rachel Emma Silverman, 'On Demand Workers: We

Are Not Robots', *Wall Street Journal*, 27 January 2015.

31 제프 베조스는 아마존이 "세상의 모든 것을 파는 상점"이 되기를
바란다고 밝혔다. Brad Stone, *The Everything Store: Jeff Bezos and the
Age of Amazon*, Corgi, 2014 참고. (한국어판: 야나 마키에이라 역, 《아마존,
세상의 모든 것을 팝니다》, 21세기북스, 2014)

32 아마존에서 송금이 가능한 국가는 'Amazon Mechanical Turk Workers
in 25 Countries outside of the US Can Now Transfer Their Earnings to
Bank Accounts', Amazon Mechanical Turk, 1 May 2019 참고.

33 Gray and Suri, *Ghost Work*, pp. 124-5.

34 Jeremias Prassl, *Humans-as-a-Service: The Promise and Perils of Work in
the Gig Economy*, Oxford University Press, 2018 참고. (한국어판: 이영주
역, 《플랫폼 노동은 상품이 아니다》, 숨쉬는책공장, 2020)

35 Marx, *Capital Volume 1*, p. 457.

36 Andre Gorz, *Farewell to the Working Class: An Essay on Post-Industrial
Socialism*, Pluto, 1982, p. 99. (한국어판: 이현웅 역, 《프롤레타리아여 안녕》,
생각의나무, 2011)

37 레이먼드 윌리엄스는 문화를 "삶의 방식"을 구성하는 원료라고 설명한다.
Raymond Williams, *Marxism and Literature*, Oxford University
Press, 1986, p. 19 참고. (한국어판: 박만준 역, 《마르크스주의와 문학》,
지식을만드는지식, 2013) 라이언스브리지의 데이터 노동자들이 수행하는
작업에 대한 더 자세한 논의는 Paola Tubaro, Antonio A. Casilli, and
Marion Coville, 'The Trainer, the Verifier, the Imitator: Three Ways in
Which Human Platform Workers Support Artificial Intelligence', *Big
Data and Society*, January 2020, p. 6 참고.

38 Gray and Suri, *Ghost Work*, pp. xv-xvi.

39 그레이와 수리는 크라우드플라워를 예로 든다. 이 책에서 크라우드플라워
대신 애픈의 사례를 제시하는 이유는 크라우드플라워가 피겨에이트에
인수됐고 얼마 후 피겨에이트가 다시 애픈에 인수됐기 때문이다. Gray
and Suri, *Ghost Work*, pp. xv-xvi 참고.

40 Perry Anderson, *The Origins of Postmodernity*, Verso, 1998, p. 85.

41 'Employment in Services (per cent of total employment)', World Bank, reprinted by International Labour Organization, 20 September 2020.

42 Lehdonvirta, 'From Millions of Tasks'.

43 Mike Davis, *Planet of Slums*, Verso, 2006, p. 181.

4장 지워지는 노동자

1 스케일의 무인 드론 서비스와 사업 지역에 대해서는 scale.com/drones 참고.

2 James Bridle, *New Dark Age: Technology and the End of the Future*, Verso, 2019.

3 이 책에서 주로 인용하는 《자본론 1》 판본에서는 이 구절이 "그들은 부지불식간에 그 일을 한다"라고 번역되어 있다. Karl Marx, *Capital Volume 1*, Penguin Classics, 1990, pp. 166 –7 참고. 여기서 인용한 번역문과 그 문맥에 관해서는 Karl Marx, *Value: Studies by Karl Marx*, trans. Albert Dragtedt, New Park Publications, 1976, pp. 7 –40 참고.

4 Trebor Scholtz, *Uberworked and Underpaid: How Workers Are Disrupting the Digital Economy*, Polity, 2016, p. 19.

5 Lee Fang, 'Google Hired Gig Economy Workers to Improve Artificial Intelligence In Controversial Drone Targeting Project', The Intercept, 4 February 2019.

6 위의 글.

7 Makena Kelly, 'Google Hired Microworkers to Train Its Controversial Project Maven AI', The Verge, 4 February 2019.

8 Paola Tubaro, Antonio A. Casilli, and Marion Coville, 'The Trainer, the Verifier, the Imitator: Three Ways in Which Human Platform Workers Support Artificial Intelligence', *Big Data and Society*, January 2020, p. 6.

9 Christian Sandvig, Kevin Hamilton, Karrie Karahalios, and Cedric Langbort, 'When the Algorithm Itself Is a Racist: Diagnosing Ethical Harm in the Basic Components of Software', *International Journal of*

Communication 10, 2016 참고.

10 Kevin Rector and Richard Winton, 'Despite Past Denials, LAPD Has Used Facial Recognition Software 30,000 Times in Last Decade, Records Show', *Los Angeles Times*, 21 September 2020.

11 Helen Davidson, 'Alibaba Offered Clients Facial Recognition to Identify Uighar People, Report Reveals', *The Guardian*, 17 December 2020.

12 Alex Nguyen, 'Six Weird Crowdsourcing Tasks from Amazon Mechanical Turk', Lionsbridge, 21 January 2019.

13 Karen Hao, 'The Two-Year Fight to Stop Amazon from Selling Face Recognition to the Police', MIT Technology Review, 12 June 2020.

14 위의 글.

15 Kim Lyons, 'ICE Just Signed a Contract with Facial Recognition Company Clearview AI', The Verge, 14 August 2020.

16 Paola Tubaro and Antonio Casilli, 'Micro-Work, Artificial Intelligence and the Automotive Industry', *Journal of Industrial and Business Economics* 46, 2019.

17 "사악해지지 말자"는 한때 구글의 임직원 행동 수칙이었다.

18 Mary L. Gray and Siddharth Suri, *Ghost Work: How to Stop Silicon Valley from Building a New Global Underclass*, Houghton Mifflin Harcourt USA, 2019, p. 16.

19 위의 책.

20 Frank Pasquale, *The Black Box Society: The Secret Algorithms That Control Information and Money*, Harvard University Press, 2016. (한국어판: 이시은 역, 《블랙박스 사회》, 안티고네, 2016)

21 Pasquale, *The Black Box*, pp. 3 - 4.

22 Lily Irani, 'Difference and Dependence Among Digital Workers', *South Atlantic Quarterly*, 2015, 114 (1), pp. 225 - 34, p. 231.

23 Naomi Klein, 'How Big Tech Plans to Profit from the Pandemic', *The Guardian*, 13 May 2020.

24 Amazon Mechanical Turk's 'participation agreement' at mturk.com/

participation-agreement 참고.

25 더 넓은 의미의 "노동 중개"에 대해서는 Guy Standing, *The Corruption of Capitalism: Why Rentiers Thrive and Work Does Not Pay*, Biteback Publishing, 2017, p. 209 참고.

26 플레이먼트의 개인정보보호정책은 playment.gitbook.io/legal/privacy-policy 참고.

27 위의 자료.

28 Niels Van Doorn and Adam Badger, 'Platform Capitalism's Hidden Abode: Producing Data Assets in the Gig Economy', *Antipode* 52(5), 2020, p. 1477.

29 이 주장에 대해서는 Moritz Altenreid, 'The Platform as Factory: Crowdwork and the Hidden Labour behind Artificial Intelligence', *Capital and Class* 44(2), 2020 참고.

30 Huizhong Wu, 'China Is Achieving AI Dominance by Relying on Young Blue-Collar Workers', *Vice*, 21 December 2018.

31 위의 글.

32 'China's Success at AI Has Relied on Good Data', Technology Quarterly, *The Economist*, 2 January 2020.

33 A. Aneesh, 'Global Labour: Algocratic Modes of Organisation', *Sociological Theory* 27(4), 2009.

34 플랫폼 자본주의에서 데이터 확보가 다른 사업을 지탱하는 수단이 되는 현상에 대해서는 Nick Srnicek, *Platform Capitalism*, Polity, 2016, pp. 61-2 참고.

35 Malcolm Harris, 'The Singular Pursuit of Comrade Bezos', Medium, 15 February 2018.

36 Kim Moody, 'Amazon: Context, Structure and Vulnerability', in Jake Alimahomed and Ellen Reese, eds, *The Cost of Free Shipping: Amazon in the Global Economy*, Pluto, 2020.

37 Srnicek, *Platform Capitalism*, p. 62.

38 Amazon Web Services, 'Global Infracture', at aws.amazon.com/about-

aws/global-infrastructure 참고.

39 Richard Seymour, *The Twittering Machine*, Verso, 2020, p. 23.

40 Russell Brandom, 'Google, Facebook, Microsoft and Twitter Partner for Ambitious New Data Project', The Verge, 20 June 2018 참고. 또한 Alex Hern, '"Partnership on AI" Formed by Google, Facebook, Amazon, IBM and Microsoft', *The Guardian*, 28 September 2016 참고.

41 Jason E. Smith, 'Nowhere to Go: Automation, Then and Now Part 2', *Brooklyn Rail*, April 2017.

42 Nick Land, 'A Quick and Dirty Introduction to Accelerationism', *Jacobite*, 25 May 2017.

43 Nick Dyer Witheford, Atle Mikkola Kjøsen, and James Steinhoff, *Inhuman Power: Artificial Intelligence and the Future of Capitalism*, Pluto, 2019, p. 157.

44 Davey Alba, 'The Hidden Laborers Training AI to Keep Hateful Ads off Youtube Videos', *Wired*, 21 April 2017.

45 'Misery and Debt', *Endnotes*, April 2010.

5장 미래는 배제된 사람들 손에 달렸다

1 반동 세력의 마수에 빠질 위험성이 있는 프롤레타리아트 집단으로서 "룸펜 프롤레타리아트"에 대한 가장 권위 있는 설명은 Karl Marx and Friedrich Engels, *The Communist Manifesto*, Penguin Classics, 2002, p. 231 참고. (한국어판: 《공산당 선언》, 다수의 번역본 존재) 또한 Frantz Fanon, *The Wretched of the Earth*, Penguin Classics, 2001, pp. 103, 109 참고. (한국어판: 남경태 역, 《대지의 저주받은 사람들》, 그린비, 2010)

2 Guy Standing, *The Precariat: The New Dangerous Class*, Bloomsbury, 2016, p. vii.

3 Fbcontentmods, 'This Is a Message of Solidarity…', Medium, 8 June 2020.

4 Mike Davis, *Planet of Slums*, Verso, 2007, p. 199.

5   Callum Cant, *Riding for Deliveroo: Resistance in the New Economy*, Polity Press, 2019, p. 104.

6   Callum Cant, 'Deliveroo Workers Launch New Strike Wave', Notes from Below, 28 September 2019.

7   Niloufar Salehi, Lilly Irani, Michael Bernstein, Ali Alkhatib, Eva Ogbe, Kristy Milland, and Clickhappier, 'We Are Dynamo: Overcoming Stalling and Friction in Collective Action for Crowd Workers', *CHI '15: Proceedings of the 33rd Annual ACM Conference on Human Factors in Computing Systems*, 2015.

8   Lilly Irani and M. Six Silberman, 'Turkopticon: Interrupting Worker Invisibility in Amazon Mechanical Turk', *Proceedings of CHI 2013: Changing Perspectives*, 2013, pp. 612–15.

9   Salehi et al., 'We Are Dynamo'.

10   Mark Harris, 'Amazon's Mechanical Turk Workers Protest: "I Am a Human Being, Not an Algorithm"', *The Guardian*, 3 December 2014.

11   Salehi et al., 'We Are Dynamo'.

12   Miranda Katz, 'Amazon's Turker Crowd Has Had Enough', *Wired*, 23 August 2017.

13   Joshua Clover, *Riot Strike Riot*, Verso, 2016, p. 170.

14   Clover, *Riot Strike Riot* 참고. 클로버는 폭동과 파업을 무질서 대 질서, 폭력 대 절제, 불법 대 합법으로 구별하는 통상적 시각을 답습하지 않고 갈등의 영역(순환 대 생산), 핵심 활동(약탈 및 거리와 도로의 봉쇄 대 기계 파괴 및 작업 지연), 목표(상품 가격 해결 대 임금 가격 해결)를 신중히 구별한다.

15   Fanon, *Wretched of the Earth*.

16   'Two Killed as Kenyan Police Try to Quell Riot in Packed Refugee Camp', UN News, 1 July 2011.

17   Jason Gutierrez, '"Will We Die Hungry?" A Teeming Manila Slum Chafes under Lockdown', *New York Times*, 17 April 2020.

18   Clover, *Riot Strike Riot*, p. 154. 〈잉여 반란Surplus Rebellions〉 챕터에서

폭동이 여러 차례 역사적 주체로 등장한다. 또한 Alberto Toscano, 'Limits to Periodization,' *Viewpoint Magazine*, 6 September 2016 참고.

19 Federico Rossi, *The Poor's Struggle for Political Incorporation: The Piquetero Movement in Argentina*, Cambridge University Press, 2017 참고.

20 'Workers Left Jobless Block Tangail-Mymensingh Highway for Food', *The Daily Star*, 27 April 2020. 또한 'Unemployed Workers Block Russian Highway', RadioFreeEurope RadioLiberty, 10 July 2009 참고.

21 'Rickshaw Pullers Lift Block from Dhakar Streets', *The Daily Star*, 9 July 2019.

22 Marta Marello and Ann Helwege, 'Solid Waste Management and Social Inclusion of Waste Pickers: Opportunities and Challenges', *Latin American Perspectives* 45(1), 2018.

23 Rina Agarwala, *Informal Labor, Formal Politics, and Dignified Discontent in India*, University of Cambridge Press, 2013.

24 Callum Cant, 'The Frontline of the Struggle against Platform Capitalism Lies in Sao Paulo', Novara Media, 3 October 2020.

25 Martha Pskowski, '"They Aren't Anything without Us": Gig Workers Are Striking throughout Latin America', Vice, 11 August 2020.

26 위의 글.

27 'Uber, Taxify Drivers Strike over "Slavery-Like" Conditions', Independent Online, 13 November 2018. 또한 Adiya Ray, 'Unrest in India's Gig Economy: Ola-Uber Drivers' Strike and Worker Organisation', Futures of Work, 9 December 2019 참고.

28 'Protesting Uber Drivers Blockade Access to Paris Airports', The Local FR, 23 December 2016 참고. 또한 Sanjana Varghese, 'Like the Gilets Jaunes, London's Black Cab and Uber Drivers Rail against Environmental Policy', *Wired*, 1 April 2019 참고.

29 E. P. Thompson. *The Making of the English Working Class*, Penguin, 1991, p. 604. (한국어판: 나종일 등 역,《영국 노동계급의 형성》, 창비, 2000)

30 러다이트운동에 대한 자세한 설명은 Thompson, *The Making of the English Working Class*, pp. 605–45 참고.

31 Paul Mason, *Postcapitalism: A Guide to Our Future*, Penguin, 2016, pp. 114–15. (한국어판: 안진이 역, 《포스트 자본주의 새로운 시작》, 더퀘스트, 2017)

32 Marx and Engels, *The Communist Manifesto*, p. 231.

33 영국실직노동자운동의 탄생 과정은 John Burnett, *Idle Hands: The Experience of Unemployment 1790–1990*, Routledge, 1994, pp. 255–6 참고.

34 Marcus Barnett, 'Unemployed Workers Can Fight Back', *Jacobin*, 18 July 2020.

35 Wal Hannington, 'Fascist Danger and the Unemployed', National Unemployed Workers' Movement, 1939.

36 Ralph Hayburn, 'The National Unemployed Workers' Movement, 1921–36', *International Review of Social History* 28(3), 1983, p. 286. 또한 Raphael Samuel, *The Lost World of British Communism*, Verso, 2006 참고.

37 Cibele Rizek and Andre Dal'Bo, 'The Growth of Brazil's Homeless Workers' Movement', *Global Dialogue: Magazine of the International Sociological Association* 5(1), 2015.

38 이 단체가 주도한 브라질월드컵 반대 시위와 지우마 호세프 대통령 탄핵 반대 시위에 대해서는 Victor Albert and Maria Davidenko, 'Justification Work: The Homeless Workers' Movement and the Pragmatic Sociology of Dissent in Brazil's Crisis', *European Journal of Cultural and Political Sociology* 5(1–2), 2018 참고.

39 Paul Apostolidis, *The Fight for Time*, Oxford University Press, 2018, p. 188.

40 Rajat Kathuria, Mansi Kedia, Gangesh Varma, Kaushambi Bagchi, and Saumitra Khullar, *The Potential and Challenges for Online Freelancing and Microwork in India*, Indian Council for Research on International

Economic Relations, December 2017 참고.

41 Fredric Jameson, *An American Utopia: Dual Power and the Universal Army*, Verso, 2016, p. 4.

42 Agarwala, *Informal Labor*, p. 33.

43 Amy Hall, 'Can't Pay, Won't Pay', *New Internationalist*, 27 May 2020.

44 Angela Giuffrida and Sam Jones, 'Italy to Unveil Lockdown Relief Package as Protests Continue', *The Guardian*, 27 October 2020.

45 Jon Stone, 'Rebecca Long Bailey Calls for National Food Service to Help People in Isolation', *The Independent*, 23 March 2020.

46 Adam D. Reich and Seth J. Prins, 'The Disciplining Effect of Mass Incarceration on Labor Organisation', *American Journal of Sociology* 125(5), March 2020.

47 Joshua Clover, '66 Days', Verso Books blog, 2 June 2020.

48 Sophie Lewis, *Full Surrogacy Now: Feminism against Family*, Verso, 2019, p. 76.

49 Aaron Benanav, *Automation and the Future of Work*, Verso, 2020, p. 99.

50 Nick Srnicek and Alex Williams, *Inventing the Future: Postcapitalism and a World without Work*, Verso, 2015.

51 그린 뉴딜에 대한 상세한 비전은 Kate Aronoff, Alyssa Battistoni, Daniel Aldana Cohen and Thea Riofrancos, *A Planet to Win: Why We Need a Green New Deal*, Verso, 2019 참고.

후기 _ 미세노동이 만드는 유토피아?

1 Aaron Bastani, *Fully Automated Luxury Communism*, Verso, 2019; Paul Mason, *Postcapitalism: A Guide to Our Future*, Penguin, 2016 참고.

2 Kristin Ross, *Communal Luxury*, Verso, 2015, p. 3.

3 Ross, *Communal Luxury*.

4 Ross, *Communal Luxury*, p. 22.

5 Andrea Long Chu, 'My New Vagina Won't Make Me Happy: And It

Shouldn't Have To', *New York Times*, 24 November 2018.

6 Helen Hester, *Xenofeminism*, Polity, 2018, p. 30‒1.

7 William Morris, 'The Hopes of Civilization', in A. L. Morton, ed., *The Political Writings of William Morris*, Wishart, 1973, p. 175.

8 David Graeber, *Bullshit Jobs*, Simon and Schuster, 2018. (김병화 역, 《불쉿 잡》, 민음사, 2021) 그레이버는 무의미하고 일하는 사람 본인도 무의미하다고 생각하는 일을 이렇게 표현했다.

9 Andre Gorz, *Farewell to the Working Class: An Essay on Post-Industrial Socialism*, Pluto, 1982, p. 102.

10 William Morris, *Useful Work versus Useless Toil*, Judd Publishing, 1919, p. 14. (한국어판: 정소영 역, 〈쓸모 있는 일과 쓸모없는 노역〉, 《아름다움을 만드는 일》, 온다프레스, 2021)

11 Morris, *Useful Work*, p. 11.

12 Ernst Bloch, *The Principle of Hope*, MIT Press, 1995 참고. (한국어판: 박설호 역, 《희망의 원리》, 열린책들, 2004)

13 Karl Marx and Frederick Engels, *The German Ideology*, Lawrence and Wishart, 1999, p. 54. (한국어판: 이병창 역, 《독일 이데올로기》, 먼빛으로, 2019)

14 Gorz, *Farewell to the Working Class*, p. 103.

15 Edward Bellamy, *Looking Backward, 2000‒1887*, Oxford, 2007, pp. 39‒44. (한국어판: 손세호 역, 《뒤를 돌아보면서》, 지식을만드는지식, 2011)

16 E. P. Thompson, *The Making of the English Working Class*, Penguin, 1991, pp. 8‒9 참고. 톰슨은 노동계급에 대해 "태양처럼 정해진 때에 저절로 등장하는 것이 아니다. 노동계급은 현재 만들어지고 있는 중이다"라고 썼다.